Das
Übersiebnen der schädlichen Leute in Süddeutschland.

(Ein rechtshistorischer Beitrag und Nachtrag)

Von

Dr. Hermann Knapp,
k. Reichsarchivrat in München.

Berlin 1910.
J. Guttentag, Verlagsbuchhandlung,
G. m. b. H.

Das Übersiebnen der schädlichen Leute in Süddeutschland.

(Ein rechtshistorischer Beitrag und Nachtrag)

Von

Dr. Hermann Knapp,
k. Reichsarchivrat in München.

Berlin 1910.
J. Guttentag, Verlagsbuchhandlung,
G. m. b. H.

Vorliegende Untersuchung bezweckt lediglich den weiteren Ausbau der den „Zenten des Hochstifts Würzburg", Bd. II, 464ff. als Exkurs eingereihten Studien. Wies ich bereits, kurz nachdem O. von Zallinger sein „Verfahren gegen die landschädlichen Leute in Süddeutschland" veröffentlichte, im Vorwort meines Nürnberger Kriminalrechts auf die Bedenklichkeit der von ihm verfochtenen Theorie hin, so wurde ich bei Schilderung des Würzburger Verfahrens geradezu gezwungen, meinen Standpunkt in dieser Frage genau zu fixieren. Zu meiner Freude erfuhr ich hierauf — mit einer Ausnahme — den Beifall der Kritik. So ist auch S. Rietschel (Zschr. d. Savignystiftung, Bd. 29, 400) der Überzeugung, daß meine Beweisführung die richtige sei und „das mit so viel Scharfsinn von Z. aufgebaute Gebäude bei näherer Prüfung rettungslos zusammenstürzt". Hegt er in Hinsicht auf das fränkische Gebiet hierüber keinen Zweifel mehr, so fordert er doch, was Schwaben, Baiern und Österreich anlangt, behufs endgültiger Lösung der ja in hohem Maße anregenden Frage die Weiterführung der Forschung. Durch Aufdeckung neuer Quellen, wie Herbeiziehung bisher nicht verwerteter Literatur gelang es mir nun, noch zahlreiche bedeutsame Beweise für die Stichhaltigkeit meiner Anschauung beizubringen. Immerhin maße ich mir nicht an, in allen Punkten, bei denen wir lediglich auf Vermutungen angewiesen bleiben, untrügliche Schlüsse gezogen zu haben. Noch manche Einzelheit hoffe ich bei der seinerzeitigen Veröffentlichung der Ergebnisse meiner Studien über baierisches Verfahren und Strafrecht kundgeben zu können.

Schließlich spreche ich den H. Koll. RARat Rieder und RAAssessor Dr. Riedner für den Hinweis auf manche wichtige Urkunde hiermit den verbindlichsten Dank aus.

Mein letztes Wort über Freiherrn Cl. von Schwerin.

Von

Dr. Hermann Knapp.

Frhr. v. Schwerin hat meine Abwehr gegen seine Kritik der „Zenten des Hochstifts Würzburg" durch eine völlig nichtssagende und unsachliche Gegenwehr zu entkräften versucht, und zwar in einer Leidenschaftlichkeit, welche jedes Maß übersteigt und so recht offensichtlich den Zorn über die wenig ruhmvolle Lage, in die ihn seine Willkür geführt hat, bekundet. Ob es den Regeln literarischen Anstandes entsprach, mein Werk in einem so weitverbreiteten Organ der Tagespresse in so kränkender Weise, und zwar ohne jegliche Begründung, herabzusetzen, wie ob es glaubhaft scheint, daß für dies vorschnell gefaßte Urteil der ganz kurze Einblick in wenige Archivalien ausreichend war, oder ob vielmehr die eigentliche Beweiserhebung erst nachträglich, d. h. in den 70 Tagen geschah, während welcher ihm jenes Material (ein Teil des von mir verwerteten Stoffs) zu eingehendem Studium vorlag, mag füglich dem Ermessen meiner wie seiner Fachgenossen, aus deren Kreis ich mehrere zustimmende Zuschriften erhielt, überlassen bleiben. Wirft er mir nun auch böswillige Verleumdung vor, mit dem Kadi drohend, so tut es mir leid, mich jener Überzeugung nicht erwehren zu können. Wenn ich selbst H. v. S., wie er es reichlich verdient hätte, nicht vor den Strafrichter zog, so geschah dies, weil einerseits, wie allbekannt, auf diesem Weg nur wenig Genugtuung zu erringen ist und ich es andererseits für würdiger hielt, diesen wissenschaftlichen Streit vor dem Forum, vor das er allein gehört, auszufechten.

Wenn sich H. v. S. in dem Wahn befindet, bei jenem kurzen Einblick lauter Treffer erzielt zu haben, so beweist er lediglich, daß er, wie dies leider häufig bei jungen Leuten der Fall, nicht einmal die erste Pflicht des Kritikers kennt, nämlich die, vor allem das Vorwort zu lesen. Da er dies unterließ und allem Anschein nach auch sonst der Quellenedition als verständnisloser Laie gegenüberstand, mochte er freilich über jene angeblichen Treffer frohlocken, die sich dann — zu spät für seine Einkehr — als lauter Nieten entpuppten. Ich muß daher den geradezu ehrenrührigen Vorwurf der Unzuverlässigkeit, der durch nichts bestätigt ist, nochmals und mit aller Entschiedenheit zurückweisen. In der Gegenwehr S. 7 freilich stellt er die ungeheuerliche Behauptung auf, ich wäre in der Schreibweise insofern willkürlich verfahren, als ich (aid und eid je nach der Quelle) dreierlei in treierlei „archaisiert" hätte. Worauf gründet sich aber diese merkwürdige Unterstellung? Wieder auf seine bekannte Oberflächlichkeit: Auf S. 5 gesteht er offen zu, daß er den Friesischen mit dem Echterischen Text verwechselt habe, auf S. 7 verfällt er in den nämlichen Fehler: treierlei ist durchaus quellenmäßig nach Fries wiedergegeben! Da aus solchen Bezichtigungen bedenkliche Schlüsse auf die von mir bei der Edition geübte Sorgfalt gezogen werden müssen, so hätte H. v. S. wenigstens hier nicht so leichtfertig verfahren sollen.

Überhaupt fällt hierbei ein seltsames Licht auf dieses Herrn Rezensionstätigkeit: Wer ein solch kränkendes Verdikt, und zwar in der Tagespresse und ohne Belege über eine Arbeit abgibt, auf die eine Unsumme von Mühe verwendet wurde, der muß doch als anständig denkender Mensch vor der Veröffentlichung prüfen und nochmals prüfen, ob seine Vorwürfe auch wirklich gerechtfertigt sind. Dies hielt H. v. S. indes keineswegs für nötig, jene oberflächliche Einschau salvierte durchaus sein Gewissen. Nun kommt aber das Wichtigste: Nachdem H. v. S. im Juli sein Urteil urbi et orbi verkündet hatte, also zu einer Zeit, wo dieses in jeder Hinsicht unumstößlich sein mußte, ließ er sich noch zweimal die Archivalien von Würzburg übermitteln. Er habe dies getan, sagt er in seiner Gegenwehr, weil er gründlicher arbeite, als dies Herr Knapp zu tun scheint. Er fährt dann fort: „Das erste Mal ließ ich mir die Archivalien kommen, weil ich das Manuskript nicht abschließen wollte, ohne nochmals die Berechtigungen meiner Ausstellungen geprüft zu haben.“ Unter den Ausstellungen aber, deren Berechtigung H. v. S. an Hand der Archivalien nachprüfen wollte, kann man doch nur diejenigen am ersten Bande, d. h. der Quellenedition, verstehen, zu denen er sich eben allein auf Grund des kurzen Einblicks in Würzburg befugt wähnte; denn für die Kritik des darstellenden Teils benötigte er doch kaum der Archivalien. Hieraus ergibt sich jedoch: H. v. S. fühlte sich völlig sicher, als er im Juli 1908 den schlimmen Vorwurf gegen mich schleuderte, er tat dies ja ohne Begründung, so daß ich mich hiergegen nicht zu wehren vermochte; H. v. S. fühlte sich aber nicht mehr sicher, als es galt, mit der Begründung selbst herauszurücken, und darum nochmals die Prüfung der Berechtigung seiner Ausstellungen! Und dies nennt H. v. S. in seiner naiven Weise gründlich arbeiten! Dabei geht ihm völlig das Gefühl dafür ab, daß er ja nach jenem willkürlichen Angriff gar nicht mehr befähigt war, sine ira et studio an jene Prüfung heranzutreten. Sein Vorwurf wog ja so schwer, daß er, wenn sich die Hinfälligkeit seines Urteils nachträglich ergab, dies gar nicht bekennen konnte, ja auch heute noch nicht bekennen kann, ohne sich selbst im höchsten Grade zu blamieren und zu schaden. Unter solchen Umständen lehne ich es ab, mich mit H. v. S. über den Wert meines Werkes noch weiter zu unterhalten. Im Interesse des Friedens aber rate ich allen Redaktionen, an die etwa H. v. S. Besprechungen einsendet, zumal wenn sie der Begründung ermangeln, jene für ungemessene Zeit wieder zurückzustellen, damit er „die Berechtigung seiner Ausstellungen“ nochmals prüfen kann, bevor er sich durch eine vorschnelle Veröffentlichung festgelegt hat.

Bezüglich seiner übrigen Expektorationen, durch die er mit geradezu verblüffender Eleganz über die Hinfälligkeit seiner Kritik hinwegtäuscht, sei einfach auf meine Abwehr verwiesen; setzt sie doch besonders auch seine Unwahrhaftigkeit in Hinsicht auf die Behauptungen, ich hätte ihm — während doch seine Begründung im großen Ganzen einer Entgleisung gleichkommt — nur zwei Lapsus nachgewiesen, oder ich wäre über verschiedene (und doch wohl wesentliche) Beanstandungen wortlos hinweggegangen, in grelles Licht. Und eben weil ja jene Kritik so kläglich ausfiel, muß das verfrühte Urteil um so mehr als unverantwortlich erscheinen, wie die Vermutung bestehen, daß er — und sonst hätte er doch einen schwerwiegenden Fehler dargetan — sein restlos Bestes in die Bresche warf.

Wie lächerlich endlich der Vorwurf der Selbstgefälligkeit, lediglich deshalb, weil ich zur Charakterisierung der immensen Arbeit, welche die Erfüllung meines Versprechens erforderte, der Vermutung Raum gab, daß die Sichtung des überreichen Stoffes für mein Werk wohl nicht weniger Mühe, als für Plancks Gerichtsverfahren, das auf gedruckten Quellen fußt, beansprucht hat. Von einem wissenschaftlichen Vergleich — und wer meine Verehrung für den Meister kennt, wird mich dessen nicht für fähig halten — kann doch hier gewiß keine Rede sein!

Daß ich nach solchem Vorgehen H. v. S. als Kritiker, wenigstens in Hinsicht auf meine Schriften, nicht mehr als „unbefangen“ zu betrachten vermag, wird mir niemand verargen, wie wenn ich weiteren Angriffen von seiner Seite kühle Nichtachtung entgegensetze. Und somit habe ich in dieser Sache das letzte Wort gesprochen!

1.

In der Hoffnung, bei Durchforschung der Kapitularien und ältern Leges Satzungen aufzuspüren, welche manche dunkle Stelle aus späterer Zeit aufzuhellen vermöchten, sah ich mich, wie ja auch Zallinger, so ziemlich getäuscht. Überall das redliche Bemühen, das überwuchernde Verbrechertum mit der Wurzel auszurotten, überall dieselbe Ohnmacht, die einer Übeltat Bezichtigten bei Mangel an einem Kläger der verdienten Sühne in die Arme zu führen! Erweisen dies ja selbst die bedeutsamen Kap. von 804—813 und 873, wo sich auch der verfestete und dann ergriffene Übeltäter, sofern sich kein Kläger zu seiner Überwindung bereit erklärt, ohne weiteres freizuschwören vermag [1]).

Das letztere Gesetz ist für uns insofern von Interesse, als das Berufen des Diebes und Räubers unter dem Geheiß, Bürgen zu stellen (ut per fidejussores ad mallum adducatur), wie das forbannire des Ungehorsamen dem in den Lfr. von 1244/1256 gebotenen Verfahren entspricht, wo dann freilich die weitergehende Ächtung auf alle schädlichen Leute, d. h. Verbrecher, ausgedehnt wird. Auch im Kap. von 873 ist übrigens wohl eine Reihe von Verbrechensarten (hierbei auch infidelitas) besonders hervorgehoben, das forbannire et constringere per fidejussores jedoch außerdem bei allen malefactores geboten. Da nun zweifellos bereits in den Kap. der malefactor den Übeltäter an sich bedeutet und daher mit dem spätern schädlichen Mann durchaus identisch ist, so haben wir in dieser Hinsicht im Lfr. von 1256 keine Neuerung vor uns. Die 873 als besonders ahndungswürdig hervorgehobenen Diebe und Räuber darf man ferner nicht ohne weiteres als Gewohnheitsverbrecher charakterisieren, so daß man aus dem gegen sie angeordneten Prozeß Schlüsse auf Maßnahmen, welche gegen landschädliche Leute im Sinne Zallingers zur Anwendung kamen,

---

[1]) MG. Cap. 1, 80; 2, 343.

ziehen dürfte; auch der, der sich zum erstenmal mit Diebstahl vergangen, unterliegt dem nämlichen Verfahren [1]).

Im Hinblick auf das Übersiebnen selbst entragt den ältesten Kapitularien Childeberti II. decretio in einsamer Größe. Ihr jedoch einen Einfluß auf die tiefeinschneidende Satzung des Lfr. von 1281 beizumessen, wäre verfehlt. Wohl gebietet jene ein Übersagen des Diebes und Missetäters mit fünf oder sieben Helfern, doch mangelt es noch durchaus an einem offiziellen Klagerecht des Richters. Nach dem c. 8 freilich wäre dieser zur sofortigen Richtung des latro, si debilioris personas fuerit, befugt; diese etwas unklare Vorschrift stünde indes allzusehr mit dem Kap. von 873 im Widerspruch [2]).

Auch der Rüge kommt für uns nur untergeordnete Bedeutung zu, indem sich der nicht auf Wahrheit Gerügte in der Regel von der Bezichtigung freizuschwören vermag. Dabei trifft man die Rügegerichte selten als ständige Institution; sie finden vielfach nur zeitweise statt, da sich die Bevölkerung nur mit großem Widerwillen ihrem Forum unterwirft. Mochte die Inquisitio auch in erster Linie auf gemeingefährliche Gesellen gemünzt sein, so wird sie doch bald auf alle Kriminaldelikte ausgedehnt, wofür zumal das österreichische LR. von 1236/37 den besten Nachweis liefert. Sonst wird wegen bloßen Verdachts bzw. Landschädlichkeit nirgends gerichtet, wenn auch von Gefängnis und Verbannung, eventuell unter Selbstverurteilung, ausgiebig Gebrauch gemacht wird. Irrig ist es, den Holzgeher der Salzburger LVO. von 1328 mit dem vargus des edictum Chilperici auf gleiche Stufe zu stellen. Dieser ist ein wirklicher Missetäter (male fecit); es tritt auch gegen ihn ein Kläger auf, der mit seinen Angehörigen den Schuldigen vergebens vor Gericht zu bringen sucht und obendrein, da dieser mittellos, sonst keinerlei Aussicht auf Befriedigung besitzt. Dessen Friedloslegung und Tötung auf spezielle Klage des Geschädigten hin sind also durchaus nichts Seltsames und erfolgen keineswegs wegen dessen Landschädlichkeit. Der Holzgeher

---

[1]) Daß der malefactor dem spätern schädlichen Mann bzw. Übeltäter gleichsteht, erweisen mehrere Stellen der Kap., so z. B. de homicidis et ceteris malefactoribus, qui legibus et pro pace facienda morire debent, Cap. 1, 48, 16; de latronibus et aliis malefactoribus, Cap. 2, 75; ut unusquisque presbyter inbreviat in sua parrochia omnes malefactores, videlicet raptores, rapaces, adulteros, incestos, homicidas, latrones, Cap. 2, 292, 31; Quellen und Erörterungen 5, 80, 143, Zallinger 41 f.

[2]) MG. Cap. 1, 17.

dagegen wird zwar, da man ihn des Schlimmsten für fähig hält, verjagt und verbannt; eine peinliche Strafe aber trifft ihn allein bei Nachweis einer wirklichen Übeltat [1]).

Die Constitutio contra incendiarios von 1186 ist für unser Verfahren insofern von Bedeutung, als sie die erste Satzung darstellt, kraft deren es dem Richter ermöglicht ist, ex officio einen Übeltäter, d. h. einen Brenner, mit sieben zu überwinden. Eine allgemeine Befugnis jedoch, auch gegen sonstige Landfriedbrecher auf solche Weise einzuschreiten, vermag hieraus keineswegs abgeleitet zu werden. In der Const. wird ferner der Notorietät so hoher Wert zugemessen, daß bei Vorliegen derselben ein weiteres Beweismittel unnötig scheint. In den testes haben wir Helfer, nicht Zeugen vor uns; der Richter soll sich passender, gewandter (idonei) Leute bedienen, um einem Mißlingen der Übersagung vorzubeugen. Ebenso ist von handhafter Tat keine Rede: si incendiarius captus fuerit [2]).

Daß die Reinigung des Räubers gemäß der treuga Heinrici eine erschwerte ist, kann nicht auffällig sein; die Ledigung mit sieben kommt übrigens auch bei andern Ungerichten vor. Man begehrt Helfer, qui in singulis provinciis electi sunt, um eben zu verhüten, daß sich der Bezichtigte durch den Beistand gleichgearteten Gelichters aus der Schlinge zieht. Es ist dies tatsächlich ein Fortschritt dem Kap. von 873 gegenüber; tritt jedoch kein Kläger auf, so vermag der nicht auf handhafter Tat (flagrante maleficio) ergriffene Räuber ebensowenig, als früher, gerichtet zu werden. Der flüchtige Mörder geht (c. 8),

---

[1]) Ich finde auch bei E. Mayer, Deutsch-franz. Verfassungsgesch., 1, 266, keine Stelle angeführt, wonach eine Richtung wegen Landschädlichkeit denkbar ist. Dabei geht auch aus seinen interessanten Ausführungen 1, 215 ff. mit Evidenz hervor, daß (abgesehen von der Ausnahme der Const. v. 1186) ein amtliches Einschreiten gegen den gefangenen Übeltäter, sofern kein Kläger gegen ihn auftritt, noch Handhaftigkeit oder Notorietät vorliegen, vor dem 13. Jh. nicht zulässig ist. Was den Holzgeher anlangt, so möchte ich hier einen Spruchbrief, und zwar aus dem Salzburger Gebiet (Pongau), anführen. Der Streuner heißt hier nicht ohne weiteres schädlich, wenn er auch als verdächtig festgenommen werden soll: „*ob ein unbekanter man frömbd weg u. steg in dem lande gieng, der solt dem gericht geantwort werden. ob auch ain angesessener schedlicher man gefangen würde, der den tod verdienet hiet, mit desselben guot sollt es gehalten werden nach verhandlung der tat*", Tom. privil. 2, 277[b], ReichsA.; wegen der Rügegerichte s. a. Brunner, Rechtsgeschichte, 2, 493.

[2]) MG. Const. 1, 449 ff., Zallinger 23 f.

sofern ihn die fama publica als solchen bezeichnet, der Lehen wie des Eigens verlustig. Diese fama publica ist aber nicht mit der infamia que loimunt dicitur (c. 14) auf eine Stufe zu stellen. Es wird hier lediglich bestimmt, daß die Reinigung vor dem offiziellen Richter stattfinden solle, analog der Vorschrift der Würzburger Zentreformation: „*ob iemant derselben stucke verleimut were, der mogte sich solchen leimuts uf derselben zente, darin der leimut gienge, benemen*". Wenn übrigens der Nachweis der Stichhaltigkeit der infamia nur per plurum ac meliorum confessionem erbracht werden kann, so ist hierin mehr eine Begünstigung des Beschuldigten zu sehen[1]).

Ich beziehe mich auf diese Stellen, da sie Z., mit ihnen gleichsam präludierend, als untrügliche Vorboten für ein planmäßiges Vorgehen wider das professionelle Verbrechertum betrachtet. In der Tat ist jedoch vor Erlaß des Rudolfinischen Landfriedens, der, wiewohl sich auch das Übersiebnen selbst für die Dauer als unpraktisch erwies, durch Generalisierung des offiziellen Verfahrens auf alle schädlichen Leute ein Prinzip, das wahrhaft volksbefreiend wirkte, auf den Schild erhob, kein tiefeinschneidender Fortschritt zu verzeichnen.

2.

Leisten uns somit die Kapitularien wenig Beistand zur Klärung unserer Frage, so wollen wir nun prüfen, welcher Charakter den schädlichen Leuten nach Maßgabe der Landfrieden des 13. Jh. beizumessen ist. Was hat Z. aus der auf so einfache Weise klarzustellenden Persönlichkeit des schädlichen Mannes in seinem Kapitel „Schädlichkündigung" gemacht? Der Schreiber des Mainzer Hofgerichts, der 1235 wohl eines der ersten Achtbücher angelegt, würde sich nicht wenig verwundern, könnte er inne werden, wieviel Kopfzerbrechens die Stelle des Lfr., welche über seine eigne Tätigkeit berichtet, bereits verursacht hat. Z. hat vor allem den Mißgriff begangen, daß er drei Lfr.-Bestimmungen, welche sich sämtlich mit den sch. L. beschäftigen, kombinierte, statt jede getrennt von der andern ins Auge zu fassen; er hätte dann sicher die Deutung rasch erzielt[2]).

Beginnen wir mit der wichtigsten Bestimmung, d. h. cap. 13/15 der Lfr. 1244/56, in der es heißt: „*Die ze schedelichen luten ge-*

[1]) Zeitschr. d. Savigny-Stift., germ. Abt. 8, 113 ff.; Zallinger, 27 f. Zenten 1, 35.
[2]) MG. LL. 2, 317, 318; Zallinger, 39.

saget werdent, choment die niht ze dem ersten tage mit ir borgen, den in der rihter hat gegeben, so sol si der rihter ze aehte tun u. der bischolf in den ban." Zum Glück spürte ich in den Ulmer Statuten eine Parallelstelle auf, welche die Erklärung jener Stelle wesentlich erleichtert [1]). Diese lautet: „*wer ouch, ob die burger des rates ze Ulme oder der merer tail under in an dem rat erkenten u. entstuenden* (überzeugt werden) *auf di eide, di si der stat gesworn hant, da schedlich laeut wern, einer oder mer, di sullen si u. muegen di berufen offenlichen in der stat ze Ulme in dreien wochen nach einander ze ieder wochen einst u. wo sich der oder di zu dem dritten verruffen niht verantwurtent oder e, die muegen si denne als ueberseit schedlich laeut in ir achtpuch schreiben. u. wa der dheiner, di also verrueft u. an ir achtpuch geschriben werdent u. in ir griht koment, di mugen si verderben, als ander ueberseit schedlich laeut u. sol auch fuerbaz kein geriht ueber si ergan. welher aber der verruefen ze rehter zeit fuerkoem u. sich entschuldigen woelt, der mag daz selbdritte erber unversprochner manne wol getun, also doch daz sich der rat usw. auf den ait erkennen suellen, ob si ir geriht des s e l b s c h o l e n u. seiner gestanden nemen sullen oder niht.*" Ich füge hier noch bei, daß ich später den Nachweis erbringen werde, daß zu der Zeit, als Karl IV. diese Statuten bestätigte, in Ulm schädlich soviel als untätig oder missetätig bedeutete.

Bekanntlich stand es ehedem dem Richter nicht zu, gegen einen, der eines Verbrechens bezichtigt (infamatus, dictus, reprobatus), aber nicht selbständig durch einen Kläger überwunden wurde, amtlich einzuschreiten und ihm auf Grund der Untersuchung den Garaus zu machen. Ausnahmen von dieser Regel waren wenigstens streng fixiert, im übrigen galt das Prinzip, „wo kein Kläger, da kein Richter" [2]). Wohl vermochte der Ulmer Rat einen derart Verdächtigten festzunehmen und auf den Geschädigten, um ihn zur Klage zu bewegen, einzuwirken; gelang dies aber nicht oder war ein solcher überhaupt nicht festzustellen, so blieb nichts übrig, als den Übeltäter freizulassen und des Landes zu verweisen. Letzteres wurde stets verfügt, denn einen derart „schädlichen" Mann, von dem noch weiterer „Unrat"

---

[1]) Quell. u. Er. 5, 80, 143; Zallinger 39; Ulmer Urkb. 2, 303; s. hier auch die Satzung v. 1296: si quis de fraude vel de nota violate fidei vel s c e l e r e impetitus vel infamatus et propter hoc ad iudicium vocatus et non comparuerit usw., Urkb. 1, 234.

[2]) Mayer E., Deutsch-fr. Verf.-Gesch. 1, 215 ff.

zu gewärtigen, in der Stadt zu lassen, dazu war der Rat keineswegs gezwungen; von seinem Hausrecht vermochte er in diesem Fall sowohl gegen Bürger als gegen Fremde unzweifelhaft Gebrauch zu machen.

Um jedoch zu verhüten, daß der Ausgewiesene die Stadt aus Rache sofort mit Raub und Brand umdräut, suchte man ihn durch Urfehde zum Frieden zu zwingen. Nach dem dem 13. Jh. entstammenden Nürnberger Achtbuch erfolgte dies in der Weise, daß man den eines Verbrechens überwiesenen, angeklagten oder bezichtigten (infamatus) Gefangenen veranlaßte, ein in dem Achtbuch zu verzeichnendes Gelöbnis abzulegen, auf Grund dessen er sich selbst für den Fall der unbefugten Rückkehr der Strafe unterwarf, welche auf der Untat, deren man ihn überwies oder bezichtigte, stand. Es handelt sich also hier um eine bedingte Verurteilung, er galt als „*übersaiter*" schädlicher Mann; machte man ihn im Gebiet abermals dingfest, so begnügte man sich nicht, wie bei andern Urfehdbrechern, mit der Abschlagung der Schwurfinger, sondern die im Achtbuch verzeichnete Todesstrafe wurde nun „ohne weiteres Gericht" an dem Bannbrüchigen vollstreckt. Die Selbstverurteilung bildete übrigens kein Erfordernis, zahllose wurden auch ohne eine solche, d. h. lediglich nach Verewigung der ihnen drohenden, schon jetzt verdienten Strafe im Achtbuch aus Stadt und Gebiet verwiesen [1]).

Fassen wir nun die bekannte Ulmer Satzung näher ins Auge, so haben wir es hier weniger mit einer richterlichen, als einer Verwaltungsmaßregel zu tun. Gelangt der Rat (auf seinen Eid) zur Überzeugung, daß eine bestimmte, in der Stadt weilende Person, gegen welche kein Kläger in die Schranken tritt, einer oder mehrerer Delikte mit Grund

---

[1]) Heinrich etc. sententiaverunt se de civitate, si deprehensi utque judicabitur sicut homicida et occisor, Nürnb. Achtb. 1285—1335 Reichsarchiv München, fol. 12 b; Leukardis deprehensa in furto s. s. perpetuo vel quod absque sententia suspendatur, si decerto hic reperiatur, 9; Chunr. deprehensus in homicidio, quod absque sententia suspendatur, 8 b; H. de Eger exclusa sub pena sacci et submersionis, 20 b; Besela infamata de furto et aliis sceleribus s. s., quod absque sententia suspendatur, 16 b; Scheurlein etc. eliminati perpetuo sub pena oculorum, 22; Heinr. an dem Hyrn u. Adelheiden uxor bei der hant von eines pösen leinmuns wegen, 22; Heinr. Jung juravit et expurgavit se a causa infamie in judicio. data sententia, quod tamquam hospes possit exire et intrare, nunquam recipiendus in civitate, 6; Bernerin propter incendium accusata et infamata ejecta de civitate vel quod suspendatur absque sententia, 9 b, s. auch mein Nürnb. Kriminalverf. (Ztschr. f. ges. Strafrechtsw., Band XII) 218 ff. und Nürnb. Kriminalrecht 81 ff.

verdächtigt ist, so „beruft“ er ihn innerhalb drei Wochen dreimal. Stellt er sich, so darf er sich selbdritt von der Bezichtigung reinigen — in ein eigentliches Verfahren über die zur Last gelegte Tat wird gar nicht eingetreten — andernfalls reiht man ihn als übersagten schädlichen Mann in das Achtbuch ein, was, da er bei Wiederergreifung ohne weiteres Gericht und Urteil vernichtet wird, ein Achterkenntnis an Strenge noch überbietet. Es sei hier auch des Landfriedens von 1179 gedacht! Nachdem der homicida und exspoliator aufgeführt, heißt es: si m a l e f a c t o r e s legitime citati ad ternas inducias XIV dierum venire contempserint, ipsi et eorum receptatores seu hospites vel etiam fautores proscribantur, nisi de hoc (d. h. wegen des Hausens usw.) accusati sola manu expurgaverint.

Nach dem Lfr. von 1256 werden die malefactores, bzw. schädlichen Leute ebenfalls berufen (1244: denunciati); kommen sie an dem ihnen kundgegebenen Termin mit ihren Bürgen nicht vor den Richter (1244: si se judicio absentaverint), so werden sie geächtet und gebannt. Sie bringen hier Bürgen, Z. meint zur Befriedigung der Kläger; ich glaube aber, daß jenen nicht minder die Rolle zukommt, für der Bezichtigten Schuldlosigkeit einzutreten, bzw. Gewähr dafür zu leisten, daß diese sich bei offizieller Klage zu Recht stellen werden (s. auch das Kap. von 873). Ist ja doch hier in erster Linie der Fall anzunehmen, daß es an einem Kläger mangelt, der selbständig den Schuldigen vorladen und bei Ungehorsam ein Achterkenntnis erwirken könnte. Immerhin ist es auch für den Geschädigten geratener, den Weg der Rüge (denuntiatio), als den der Klage zu beschreiten, denn er gelangt damit gefahrloser und rascher an das Ziel. Dieser noch dazu unter des Rates oder Richters Beistand vorgenommene Prozeß ist weit sicherer, als das gewöhnliche Verfahren; des Klägers Person bleibt eventuell völlig aus dem Spiel. Zudem vermag er so mit leichter Mühe den Gegner dazu zu bringen, ihm Rechtens zu antworten. Darauf scheint auch die kritische Stelle des Lfr. von 1235 hinzudeuten, wonach der Hofgerichtschreiber, dessen eigentlicher Beruf in der Annahme von Querelen besteht„ ‚nomina eorum, qui a c c u s a n t u r vel denuntiantur tanquam nocivi terrae et infamiam“ (d. h. die betr. Beschuldigung) verzeichnet; daß hier ein spezielles Delikt in Frage steht (wann sy sich der schuld entredent), räumt auch Z. ohne weiteres ein [1]).

[1]) MG. LL. sectio IV, I, 381, 9; MG. LL. 2, 317, 318; Zallinger 39.

Blicke ich auf die zahlreichen derartigen Verzeichnisse, welche bereits durch meine Hände gewandert sind, zurück, so vermag ich hier verschiedene Arten aufzuführen. So zuerst Achtbücher, welche, wie z. B. das erwähnte Nürnberger AB., ein Kompendium mannigfacher Verfügungen darstellt, indem es sowohl Achterkenntnisse, Notizen über begangene Verbrechen und Ausweisungen wirklicher Verbrecher (für immer oder für bestimmte Zeit, mit und ohne bedingtes Urteil) wie gewöhnlicher Landfahrer in sich schließt. Daneben kenne ich aber auch Achtbücher, welche vornehmlich Ächtungen von solchen, die im bürgerlichen Verfahren sich nicht zu Recht stellen wollten, enthalten [1]), ferner Listen von begangenen Übeltaten unter Angabe des Tatbestands wie der mutmaßlichen Täter, die freilich vielfach nur nach äußeren Merkmalen, wie sie von Gefangenen während der gütlichen oder peinlichen Frage geschildert wurden, gekennzeichnet sind [2]). Hierauf verdienen die Urfehdbücher, welche die Urfehden mit und ohne Selbstverurteilung umfassen, Erwähnung und endlich die Ausweisungslisten der bei der „Auskehr" oder sonst aus den Toren geworfenen gemeingefährlichen (nicht schädlichen) Leute [3]).

Prüft man die im Lfr. 1235 angeführten Register, so scheint es sich in Hinsicht auf die Liste der Ächter vielleicht mehr um Achterkenntnisse zu handeln, welche anläßlich bürgerlicher Rechtstreitigkeiten gefällt worden sind, denn es ist von Bürgen und „*ander gewysheit, die man den clagern tut nach des landes gewonheit*" die Rede. Das andere Verzeichnis wäre dann allen den sch. L., d. h. Verbrechern gewidmet, deren Namen dem Hofrichter infolge Klage oder Anzeige (Rüge) zur Kenntnis gelangten; entreden sie sich der Schuld „*so sol er iren namen abschreyben u. abstreichen*", bleiben sie ungehorsam aus, so kündet ein weiterer Vermerk ihre Ächtung an. Sei dem, wie ihm wolle, bezüglich der auf Grund der Verwaltungsmaßregel Geächteten gilt das bisher Bemerkte. Für den Fall der Ergreifung kommt es lediglich darauf an, ob sie, wie gemäß den Lfr. 1244/56, nur geächtet oder zugleich als übersagte sch. L. im Achtbuch eingetragen wurden. Ersternfalls ist dem sch. Mann noch ein Gericht vergönnt, in dem freilich dem Kläger allein der Beweis zusteht und dem Über-

---

[1]) so z. B. ein Kitzinger Achtb. im KA. Würzburg.

[2]) R.stadt Regensburg, Lit. 398, ReichsA. München.

[3]) Urfehdbücher in d. KA. Nürnberg und Würzburg; Ausweisungsliste, Rst. Regensburg Lit. 409½, ReichsA. München.

wundenen ein Schelten des Urteils nicht mehr eingeräumt wird, im andern, schlimmeren Fall jedoch bedarf es nur noch der Vollstreckung des bereits gefällten Todesvotums.

Wie ist nun hier der Ausdruck nocivi terrae, an den Z. so vielsagende Folgerungen knüpft, zu verstehen? Z. gibt zu, daß die denuntiatio nicht wegen der Gemeinschädlichkeit an sich, sondern infolge der Begehung eines konkreten Verbrechens herbeigeführt wird, die Beschuldigung (infamia) müßte aber, um den Richter zu selbständigem Vorgehen zu veranlassen, eine derartig schwerwiegende sein, daß dem Bezichtigten zugleich der untilgbare Makel der Landschädlichkeit aufgeprägt wird, untilgbar, denn der als nocivus terrae denuntiatus bleibt dadurch als zu „jener Personenklasse zugehörig erklärt, welche durch berufs- und gewohnheitsmäßige Verbrechensübung als gemeinschädlich" gilt, selbst dann, wenn sich der Vorgeforderte seiner Schuld entredet und sich somit der gegen ihn erhobene Verdacht (suspitio) als unstichhaltig erweist [1]). Diese Schlußfolgerung ist eine geradezu ungeheuerliche: der Verleumdete weist seine Schuldlosigkeit nach, der Schreiber tilgt und schreibt seinen Namen ab uud dennoch soll er für immer als Ausgestoßener gelten! Und alles dies, um das mißverstandene terrae nocivus zu deuten! Ja, grau ist alle Theorie! Die Übersetzung lautet: „*die ze schädlichen liuten dem lande geseit werdent*". Auch der Cod. Senkenberg überträgt ähnlich: „*dye dem land zu schadlichen leuten gesetzt werden.*" Soll es also nicht richtiger in dem Lande heißen?

Dem Hofrichter obliegt überhaupt eine weitumfassende Tätigkeit, da er die sch. L. und Ächter nicht eines engen Bezirks, sondern vielmehr des ganzen Reiches verzeichnen soll. 1347 erteilt Karl IV. den Rothenburgern das Privileg: „*u. swer auch auf demselben gerihte zu aehte wirt getan, so mag u. sol man derselben aehte verkünden in küniklichen oder keys. hofe, daz man si da beschreibe in die memorial des registers, also daz si wider darauz nit kumen, noch gelazzen süllen werden, si sein danne vor von der aehte komen an der stat, do des ersten di aehte geschehen ist*" [2]). Dem Hofrichter sollten daher dem Anschein nach die Ächter und sch. L. des gesamten Reiches mitgeteilt werden.

---

[1]) Zallinger 46 ff.

[2]) Reichst. Urk. Rothenburg, Fasz. 3 (1347), ReichsA. M.; ich möchte hier auch an den ersten Absatz des Kapitulare v. 873 erinnern.

Die terrae nostrae nocivi kommen ferner noch in der pax Silesiae von 1277 vor; abgesehen davon, daß das t. n. hier als Genitiv gedeutet werden kann, geht aus jener Verfügung mit Klarheit hervor, daß unter diesen terrae nocivi (latrones, fures, spoliatores, incendiarii aut malefici qualescunque; aliique malefactores) Missetäter jeder Art zu verstehen sind. Es sei hier hervorgehoben, daß in den Lfr. 1244/56 (c. 12/14) malefactores, mali homines, nocivi h. und schedlich lute als gleichbedeutend gebraucht werden. Daß unter den malefactores lediglich Übeltäter zu verstehen sind, dürfte zweifellos sein, aber auch die mali homines besitzen gleichen Charakter. Ich möchte an das Privileg K. Albrechts für Eichstätt von 1305 erinnern, wonach dem Bischof die jurisdictiones temporales, que vulgariter halsgeriht dicuntur, sive exercicium iudicii et justicie ac gladii potestatem ad animadvertendum in facinorosos et malos, quam vulgaris elocucio den pan nominare consuevit [1]). Daß hier die facinorosi et mali gewöhnliche Missetäter sind, d. h. alle, zu deren Vernichtung eben Halsgericht und Blutbann verliehen sind, ist doch selbstverständlich, und demgemäß können auch die sch. L. und nocivi terrae nur schlichte Übeltäter sein. Die letzte einschlägige Stelle ist das Verbot des statutum in favorem principum, dem terre dampnosus vel a judice dampnatus vel proscriptus Aufnahme zu gewähren [2]).

Halten wir immerhin an dem Ausdruck landschädlich insoweit fest, daß wir annehmen, daß Richter und Rat ex officio nur solche Missetäter berufen, ächten und richten, deren Vernichtung im Interesse des Landes und der Stadt geboten scheint, so brauche ich im übrigen nur auf das zu verweisen, was ich bereits in den Zenten ausgeführt habe: Dem Lande schädlich ist im Grunde genommen jeder Verbrecher, der keinen Kläger, Richter und Strang findet (dem Dieb nit ist besser, denn am Galgen). Schädlich gesagt wird der einfache flüchtige Mörder ebenso, wie der „*vermaerte*" Übeltäter; es wäre ungeheuerlich, wenn das st. i. f. pr. das Hausen und Hofen des letztern untersagen, jenem jedoch die Aufnahme gestatten würde, nicht minder, wenn Rat und Richter nur Gewohnheitsverbrecher, nicht aber andere, wie z. B. einen Mörder, gegen den die Verwandtschaft des Getöteten aus Furcht oder Mittellosigkeit nicht vorgeht, ächten würden. Frei-

[1]) MG. LL. sectio IV, 3, 602; Neues Arch. f. ält. d. Geschichtskunde, 32. Bd., 627, Zallinger 39.

[2]) MG. LL. 2, 282, Zallinger 45.

lich wird auf dem Wege der Taidigung manches schwere Verbrechen der verdienten Sühne entzogen; ist aber eine solche nicht zu erzielen, so müßte man den Täter doch mindestens unter Androhung der Todesstrafe, d. h. als übersaiten sch. M. des Landes verweisen, und er wird dann, ausgestoßen aus der Heimat und der nötigen Existenzbedingungen beraubt, eine nicht minder lästige Landplage bilden, als der berufsmäßige Missetäter. Es ist also verfehlt, hier allein mit dem Gewohnheitsverbrechertum zu operieren und nur den als sch. M. zu erklären, der offiziell als gemeinschädlich verkündet und gebrandmarkt ist; der Verwaltungsmaßregel des Richters und Rates kann vielmehr jeder Verbrecher unterworfen werden, der des Klägers entbehrt und dessen Ächtung als im Interesse des Landes geboten erscheint.

Daß bei dem verrufenen sch. M. nicht nur auf seine Gemeingefährlichkeit hingewiesen, sondern bei der Ächtung genau das Delikt bezeichnet, wie auch denen, die dem Missetäter Aufnahme gewähren, mitgeteilt wird, bezeugt z. B. die Bestimmung der Salzburger LVO. von 1328, wonach man keinen sch. M., der in der Acht ist „*umb solich sach, di an den leib get, oder umb ander grozze sache, wizzentlichen*" heimen und ätzen soll [1]). Wir haben hier wieder einen gewöhnlichen Übeltäter vor uns, der keineswegs Gewohnheitsverbrecher sein muß; eine große Sache, die an den Leib geht, ist jedes schwere Delikt. Der sch. M. ist ferner ein solcher auch ohne Verruf und Acht, sonst würde es z. B. im Lfr. von 1297 nicht heißen, daß der, welcher einen Räuber oder (sonstigen) sch. M. aufgenommen, ihn fahren lassen soll, sobald er „*schedelicher tat*" oder Raub an ihm inne wird; befolgt er dies nicht, so muß er für diesen gelten [2]). Es ist aber hierbei nötig, daß die Merkmale auf ein begangenes Verbrechen oder auf eine verbrecherische Tätigkeit an sich hinweisen; kommt einer „*mit ainem schedlichn pluetign waffen oder gwant*", vermag er sich aber wegen seines verdächtigen Aussehens zu rechtfertigen, so z. B. daß er sich eines feindlichen Überfalls erwehren mußte und einen der Gegner verletzte, so gilt er auch nicht als sch. M. und der ihn Beherbergende bleibt straflos [3]).

Hierzu sei noch bemerkt: Der Ausdruck „*landschädlich*" kommt, abgesehen von dem zweifelhaften terrae nocivus von 1255 und 1277, in den Lfr. des 13. Jh. m. W. nicht vor. Wenn bei Einführung des Übersiebnens

---

[1]) Rössler, Über Bedeutung und Behandlung des Rechts in Öst., 28.
[2]) Quell. u. Er. 6, 97.
[3]) Öst. Wst. 7, 378, 7.

geboten wird, den von Amts wegen zu überwindenden sch. M. als dem Lande schädlich anzusprechen, so hat dies bestimmte Gründe, die ich des Nähern in den Zenten dargelegt habe und auf die ich noch zurückkommen werde. Außerdem findet sich in ihnen kaum eine andere Bezeichnung für den Verbrecher vor; Missetäter und Übeltäter sind noch nicht gebräuchlich, wir müssen also schon deshalb den sch. M. mit diesem identifizieren.

3.

In fast allen bedeutsamen Friedenssatzungen, Stadtrechten und Weistümern trifft man auf Verbote des Hausens und Hofens von Verbrechern — ich gedenke hier z. B. der zahlreichen Wst. des Würzburger Hochstifts, in denen vielfach jenes Verdikt, wie die Aufforderund schädliche, schadbare Leute festzunehmen und dem Gericht zu überantworten, auftaucht — nach Z. darf jedoch ein gewöhnlicher Verbrecher, auch wenn der ihm Schutz Bietende der schädlichen Tat inne geworden und durch die Obrigkeit zu seiner Ausantwortung aufgefordert worden, gehaust werden, denn er ist ja zufällig kein Gewohnheitsverbrecher oder nicht durch denuntiatio dieser Klasse beigesellt worden. Ja, glaubt denn Z., die Bauern, die auf Grund ihrer Wst. zur Festnahme von schädlichen oder schadbaren L. — ein anderer Ausdruck für Verbrecher ist in den ältern Wst. des Hochstifts selten gebraucht — angestachelt werden, fragen bei Aufgreifung eines einer Untat Verdächtigen erst nach solchen Dingen, ja, besitzen häufig die Möglichkeit, von einer denuntiatio Kenntnis zu erlangen? Selbstredend wird aber auch der Mitnachbar, bei dem man doch näher unterrichtet sein könnte, in jedem Fall dem Richter oder Amtmann ausgeliefert.

Doch prüfen wir nun die wichtigsten Landfrieden näher! Nach Lfr. von 1244/56 soll „*swer schedlich lute behaltet, von ir vollez rehte bieten u. sich ir nit auzzen*". Entweichen sie, so hat er nur für den während ihres Aufenthalts begangenen Schaden aufzukommen, nicht für ein früher begangenes Delikt; leistet er hierin Genüge, so fällt er „*in dehainen unliunt, noch enwirt er gesaget ze einem sch. m.*" [1]) Diese Vorschrift versteht sich von selbst: von jeher wird derjenige, der einem Missetäter Vorschub leistet, diesem gleichgestellt und der

[1]) Quell. u. Er. 5, 80, 143.

nämlichen Sühne unterworfen. So ächtet man auch den, welcher wissentlich einen Ächter haust und macht sein Haus dem Erdboden gleich. 1293 ebenso: „*umb den schaden aber, den der sch. m. vor diesem satze getan oder des er beschuldigt wirt* (man sieht also auch hier, der sch. M. gilt stets als Übeltäter in bezug auf ein bestimmtes Delikt und nicht nur lediglich als gemeinschädlich) *sol er in hinfür ouf daz reht stellen driu taidinch.*" Befolgt er dies nicht, so soll er auch diesen Schaden bessern und zudem des Landes verwiesen sein [1]). 1300: Hiernach darf man den sch. M., nachdem man durch den Vizedom Kenntnis vom Charakter desselben erhalten, noch vierzehn Tage hausen; tut er darüber Schaden, so soll man dem Lande bessern [2]).

Sehr mild scheint die Satzung von 1312: „*swer einen schaden tut, chumt der flühtich ze eines frumen mannes haus, derselb sol ihn bergen u. forthelfen*", auch wenn seine ihn verfolgenden Feinde Einlaß begehren. Der Hinweis auf die Feinde deutet darauf hin, daß es sich mehr um einen Schaden handelt, der infolge einer Fehde, eines Streites oder sonst in Erregtheit verübt worden ist. Dem Richter und seinen Boten soll er aber das Haus zur Fahndung des Täters öffnen, „*u. sol doch jenem hinhelfen, ob er mach, u. ist nieman deheiner puzze darumb schuldich. swer einen sch. m., der ein verboten man ist, hauset, der gibt dem rihter 5 lb. 60 ₰.*" [3]) Diese letzte Satzung ist nicht ohne Interesse. Nach dem Sprachgebrauch der Zeit heißt dies soviel als ein verbotner sch. M.; es hat auch keinen Sinn, auf das Verkehrsverbot, dem der sch. M. an sich unterliegt, besonders aufmerksam zu machen, denn dies ist längst bekannt. Für den gewöhnlichen sch. M. zahlt man zudem keine Buße, man haftet höchstens für den Schaden, den er während seiner Anwesenheit verursacht; es muß sich also um einen sch. M. handeln, dem man trotz der Ankündigung seitens des Vizedoms oder Richters nicht den Laufpaß erteilte.

Was die Bedeutung des sch. M. zu jener Zeit betrifft, so möchte ich hier auf eine Urkunde der Herzöge Heinrich und Otto in Baiern für das Kloster Raitenhaslach von 1317 hinweisen. Sie verleihen diesem die Gerichtsbarkeit über alle seine Leute „*umb alle sache, wan swaz hintz dem tode get; da sol der richter den schedelichen man nemen, wan als er mit der gürtel umb-*

1) Quell. u. Er. 6, 28.
2) Quell. u. Er. 6, 113.
3) Quell. u. Er. 6, 208.

vangen ist, u. sol allez daz gut, daz der man hat, varent u. unvarent, dem gotshaus beleiben." Im Privileg von 1290 heißt es: excepto, si aliquis hominum ecclesie non calumpniose, sed notorie (d. h. nachweisbar) in furto, latrocinio vel aliquo tali maleficio, quod per sentenciam mortis est (Dieb, Räuber oder ein anderer schädlicher Mann, s. Landfriede von 1300!) judicandum fuerit, deprehensus, hic talis cum eo, quod cingulo comprehendit, a judice teneatur. (Des Überlieferns des sch. M., wie er mit dem Gürtel umfangen, ist äußerst häufig in den spätern Weistümern gedacht).

Nicht minder beachtenswert ist das von dem Gericht, bzw. den ältesten Rittern der Grafschaft Hirschberg 1316 ausgesprochene „gemeine Recht", daß kein Landrichter „*auf ymanst gut oder dorfgeriht dehein sache versuchen solt, danne di im an offner schranne u. mit rehter clage fürpracht werdent, on drei sache: umb diube, notnunft u. umb totshlege. swo er der mit worheit geinnert würde, an desselben dorffes rihter sol der lantrihter diselben schedelichen leut vodern. u. sol auch denne derselbe dorfrihter im diselb schedilichen laeut antwurten u. der l. uber irn leip rihten.*" (Notzüchter und Totschläger zählen nicht zu den sch. L. im Sinne Z.s).

1340: Zu wem einer, welcher geschädigt hat, kommt, der soll ihn bei seinem Eid festhalten, als ob ihm selbst der Schaden zugefügt worden wäre. Wer einen, der mit Rauben, Diebstahl oder andern Sachen beschädigte, wissentlich haust, der ist in derselben Schuld, als der „*selbschol*" und wer den sch. M. aufhebt und angreift, der ist keine Rechtfertigung schuldig [1]).

Nach den Regensburger Statuten ist zu unterscheiden, ob die des Hausens Überwiesenen nur Unterschlupf gewährt oder mit den schädlichen Gesellen, so z. B. als Hehler, geradezu gemeinsame Sache gemacht haben. Diesfalls zählen sie selbst zu den sch. L. und werden demgemäß gebührend mit peinlicher Strafe oder ewiger Verbannung bedacht. Gestatteten sie jedoch nur „*heimliche zugeng*", um als Wirte oder Kuppler Gesindel jeglicher Art Geld abzunehmen, so qualifiziert man sie keineswegs als schädlich, man legt ihnen jedoch den Handel und befördert sie mitunter obendrein zum Tore hinaus [2]).

---

[1]) Fürstenselekt fasz. 174, (1317) u. f. 91 (1290), Reichsarch. M.; Mon. Germ. LL. sectio IV tom. 5, pars prior, S. 320; Quell. u. Er. 6, 367.

[2]) Reichst. Urk. Regensb. f. 501 (1454) ReichsA. M.; Gemeiner, Chron. d. St. Regensb. 3, 44 (1444); Freyberg, Samml. hist. Schr. 5, 25.

Wer wissentlich Brenner haust, verfällt dem Feuertod, wer Ächter bei sich aufnimmt, wird geächtet, nicht minder sein Haus. Von Reichs- und Landes wegen aber heischt man, nach sch. L. jeder Art nicht nur im eigenen, sondern auch in fremden Gerichten zu fahnden; bildete es doch ehedem ein lästiges Hemmnis, daß man bei Verfolgung eines Übeltäters über die Grenze meist in bedenklichen Konflikt mit den Gewaltigen des Nachbargebietes geriet und dann nicht selten das Nachsehen hatte. So erläßt K. Ludwig 1341 das Mandat „*daz wir überainchomen sein mit unserm rat, also daz wir wellen, swo schedlich laeut sein, daz man darnach stellen schol an allen steten, dovon wollen u. gebieten wir allen unsern richtern in unserm vitztumamt ze Strawbing vestichlich u. ernstlich, swo ir einez schedlichen menschen gewar werdet, ez sey w e i b oder m a n, swelcher richter dez gewar wirt, in swelhen gericht er sein gewar wirt, ez sei in seinem g., do er richter sey, oder in einem andern g., daz er do nach im stelle u. in bringe ze vanchnüzze u. in sein geriht füre u. do hintz im richte. u. schol in der richter, in dez gericht er gevangen wirt, darzu fürdern mit allen sachen u. mit dhainen sachen hintern noch irren.*“

Seltsam scheint es, daß manche Städte sich geradezu das Recht erwirken, Ächter zu hausen, so z. B. Lindau 1396: „*das sie alle u. igliche echtere, die heimlich oder offenbar echtere sind u. von welhen gerichten oder von welerlay sachen die in die acht komen sind, si weren in verkündigt oder nicht, uffnemen, enthalten, husen u. hofen u. alle gemainschaft mit in haben mügen, als mit andern lüten*“ [1]). 1255 wird es untersagt, daß der Herzog und Bischof oder irgend ein Ritter sch. L. an sich nehme „*mit heirat oder durch widersagen ir lehen oder friheit, daz si damit uber würden der gesatzten reht des gerihtes*“ [2]).

Prüfen wir nochmals die vorstehenden Stellen, so erkennen wir auch hier, daß Z.s Theorie keineswegs stichhaltig ist. Schädlich ist hiernach jeder Verbrecher, der als Flüchtling Unterkunft erringt; nur dann, wenn ihn der Hauswirt, nachdem er infolge eigner Wahrnehmung oder Mitteilung seitens der Behörde Kenntnis von der Qualität seines Schützlings empfangen, trotzig behält, zieht er sich Nachteil und Buße zu. Nach einigen Satzungen soll er ihn „*fahren*“ lassen, nach andern „*auf recht stellen, antworten* (*in drei taidinch*).

---

1) Reichst. Urk. Lindau, f. 8 (1418), ReichsA. M.

2) Quell. u. Er. 5, 144.

Von dem Verdacht, den sch. M. „*mit seiner gewizzen*“ aufgenommen und behalten zu haben, vermag er sich durch Reinigungseid zu ledigen.

4.

Uralt ist der Rechtsbrauch, das Haus, in dem eine Missetat begangen wurde oder der Täter (Ächter) Zuflucht fand, einzuäschern oder dem Erdboden gleich zu machen. So huldigt man in Regensburg 1230 der Ansicht, daß das Haus, das einen Ächter beherbergte, niedergerissen werden soll; nur bei völliger Schuldlosigkeit, d. h. sofern er diese durch Eineid (während des Stadtfriedens selbdritt) erhärtete, konnte sich der Besitzer vor Verurteilung retten [1]).

Auch das schädliche Haus nimmt Z. für seine Theorie in Anspruch, aber nicht minder versagt sie auch hier; denn um ein Haus oder eine Veste als schädlich erklären und richten zu können, kommt nicht seine Gemeinschädlichkeit in Betracht, es bedarf vielmehr eines bestimmten Deliktes zur Voraussetzung. 1256 heißt es: De nociva domo. „*swelich haus oder burch offenliche umbe den raup angesprochen wirt* (1244: denuntiatum fuerit), *so sol man beschaidenlichen nennen, wer ez hab getan u. wie ez si geschehen, u. sol danne des huses herre den schuldigen von im schaiden u. den raup zehentvaltigen gelten oder den schuldigen dem geriht antwurten. ist der herre in dem lande niht, so sol man das haus aus der burch werfen u. sol ez brennen.*“ Wird in einem Markt oder Dorf ein Haus für schädlich erklärt „*diu sol man brennen an schaden andern husern oder schazen u. verchoufen u. mit dem gute den chlagern* (also spezielles Delikt, keine Gemeinschädlichkeit!) *gelten*“ [2]).

Sehr ausführlich gedenkt auch das öst. LR. von 1236/37 dieses Falles [3]). Wird eine Burg oder ein Haus gerügt, daß dem Lande Schaden darin geschehen sei, so vermag der Herr jene zu bereden, daß „*es an sein gescheft u. unwissen geschehen sei, u. geneusset sein an seinem haus*“ Wird er des Täters habhaft, so muß er ihn dem Richter überliefern, entweicht er, hat er für den Schaden einzustehen. Verübt jedoch in seiner Abwesenheit der Burggraf den Schaden, „*so soll der landrichter mit den umbsessen für das haus varen*“. Flieht der Burg-

---

[1]) Gaupp, StadtR. 1, 168.

[2]) Quell. u. Er. 5, 143, 144; s. a. Ssp. II, 72; Schwsp. L. 144.

[3]) Hasenöhrl, öst. LandesR. 261.

graf, so soll er ihn ächten und „*das gezimer, da der schad in geschehen ist, aus dem haus prechen u. es für das haus tragen u. darüber richten mit dem fewr*“. Wird er seiner mächtig, so richtet er über ihn nach Landesrecht, ebenso über den trotzigen, abwesenden Herrn. Wird das Haus endlich mit sieben übersagt, so richtet man darüber mit Feuer und mit „*prechen*“, der Landesherr aber soll den Wiederaufbau untersagen.

Auch hier vermag man sich nach genauer Prüfung unmöglich zu Z.s Theorie zu bekehren. Die Burg wird genau so behandelt, wie ein gewöhnliches Haus oder jeder Missetäter, d. h. eben um den Schaden angesprochen, der in ihr oder von ihr aus geschehen ist. Steht Raub oder ein anderes schweres Delikt in Frage, so wird das Haus übersiebnet, sonst nach Landesgewohnheit gerichtet. Das Ansprechen ist also wegen aller Delikte denkbar. Die Burg kann erst dann für schädlich erklärt werden, sofern ein Schaden in oder aus ihr verübt wurde und der Besitzer sich hierfür einzustehen weigert. Nicht der Vorwurf der Landschädlichkeit also, der üble Ruf genügt zu gerichtlichem Vorgehen, es ist vielmehr ein tatsächlich begangenes Delikt erforderlich.

So weiht Wenzel 1398 das Haus Bommersheim bei Frankfurt deshalb der Vernichtung, da es „*ein schedliches haus uns u. dem reiche, der gemeinen strassen u. kaufflüten mit raube u. andern unthetigen* (!) *sachen gewesen ist*“ [1]). Gemäß Nürnberger Privileg von 1331 soll der Inhaber einer Veste auf der „*schedlich läut begriffen würden oder verboten von des richs u. von des gerichts u. der stat wegen, dieselben antwurten. taet er dez nit, so sol der richter u. die stat desselben schaden zu im u. derselben veste warten, als si zu denselben schaedlichen läuten haben, die daselben von irn wegen verboten waren*“ [2]). Im Lfr. 1277 wird geboten, „*eine veste oder sloss*“ zu brechen, sofern von ihr aus durch „*raup, mort, prant, vahen u. unrecht widersagen*“ Schaden verursacht worden ist. Selbstverständlich sucht man daneben offizielle Raubnester möglichst gründlich vom Erdboden zu tilgen. 1281 mahnt man, daß niemand eine Burg besitzen solle, „*er hab si dann an des landes schaden*“; 1300 gilt als Voraussetzung hierzu eine Barschaft von 30 lb. oder die Stellung von Bürgen [3]).

---

[1]) Lünig, Reichsarchiv 13, 606, Zallinger 5.

[2]) Ludwigselekt, Nr. 472, ReichsA. M.

[3]) Quell. u. Er. 5, 343; 6, 120.

5.

Endlich sei hier auch nochmals der Landfrage und des Geräunes gedacht, in die Z. soviel hineingeheimnißt hat; freilich habe ich dem in den Zenten Gesagten nur wenig hinzuzusetzen [1]). Es ist seltsam, daß Z. den Art. 17 des öst. LR., der doch so klar gefaßt ist, so mißzudeuten vermochte. Die Frage auf „*schedleich leut*“ heißt es, soll geschehen „*auf strasraub, mort u. diep u. auf die ding, das pös ding haissent u. auf laugen steent. was aber der man offenleich tut u. des an laugen steet, das sol man in der schrann richten nach gewonhait des lanndes*“. Man kann dies doch nicht anders verstehen, als daß eben Raub, Mord und Diebstahl und alle bösen Dinge, d. h. schweren Verbrechen, welche nicht notorisch sind und bei denen überhaupt Leugnen denkbar, diesem rügeartigen Verfahren unterworfen sind. Wegen aller übrigen ist vor der Schranne zu rechten. Daß das böse Ding durchaus der schädlichen Sache, auf die ich noch zurückkomme, gleich steht (todslag, deuf oder ander schedlich sach), ist zweifellos; ich erinnere hier an ein öst. Wst., in dem es heißt, man solle Festnahme verfügen, sofern „*böse leut in gericht wären oder dorein kämen, die malefizisch händl auf innen hätten, also manschlecht, prunst, diebstall oder andere bös sachen* [2]) (*wo dann ain dieb, manslächter oder ander pös ubltäter in denselben orten*; ferner Wiener StRb. 109: *swer auch umb pöseu dinch gevangen wirt, umb diep raup, prant, mort* (*notnunfft*), *totslag u.* (*umb alle solche poseu ding*).

Es sei hier auch auf eine interessante Satzung des Berchtesgadener Landbriefs von 1377 hingewiesen: „wäre, daß ainer umb *böss sachen u. schämbliche* unthatten, als dieberey, mörden oder mordprennen oder *wie die sch. u. genannt wäre, darum er den tod verschuld hatte*, fürkämb oder begriffen wurd, desselben erblechen usw. ist der herrschaft verfahlen. geschehe aber, daß ainer einen *todschlag ehrbarlich begeht* oder um ehrbare sach der herrschaft oder dem gericht fürkumbt, desselben erblechen, wann er sich gegen der herrschaft verthädigt *umb das gewöhnlich wandel*, ist ihm usw. leedig.“ Die bösen, schämblichen (schändlichen) Untaten sind demgemäß alle verabscheuungs- u. daher *todeswürdigen* Verbrechen;

---

[1]) Zallinger, 85 ff.

[2]) Hasenöhrl, öst. LR., 242; öst. Wst. 6, 235, 5.

ihnen sind der Totschlag, sofern er ehrbarlich (d. h. in Zorn, Notwehr, im Waffenstreit) begangen worden, wie andere ehrbare, *nicht todeswürdige* Delikte gegenübergestellt [1]).

Z. macht nun aus den bösen Dingen Übeltaten, denen das Moment der Heimlichkeit anhaftet, wiewohl doch manschlecht, totslag u. notnunft gewiß nicht hierauf deuten. Nicht die bösen Dinge an sich stehen im Gegensatz zu dem, was „*der man offenleich tut*", sondern nur, sofern sie „*auf laugen steent*", d. h. entweder nicht geleugnet werden oder überhaupt nicht geleugnet werden können. Als Beispiele möchte ich hier eine kemptner Urkunde von 1381 erwähnen, wornach einer einen sch. M., der „*gross übel*" getan, vor Gericht schleppte und ihn zu köpfen bat: „*wa aber er des in lougen stünd, des well er in wisen mit erber zeuknuß*" (worauf dieser sprach: „*er lougnoti nit, er hetti gross übel an der statt getan*), anderseits eine Satzung aus dem Regensburger Friedgerichtsbuch, die besagt: Klagt bei Notnunft eine Frau „*u. wil die pringen selbsibent, die den waffenheiz gehort haben, so gehort chain laugen daruber*" [2]).

Wenn ferner § 44 des öst. LR. (Wiener Hschr.) vorschreibt, daß über einen sendmäßigen Mann „*umb totslag oder ander sach, dew im an sein leben gee*" nur der oberste Landrichter richten darf, tut *aber ain s. m. ain deuphait oder ain ander poslich ding, so sol ain yeder richter wol uber in richten*", so ist es nicht minder gewaltsam „*die poslichen dinge*" den heimlichen Übeltaten, wie Mord usw. gleichzustellen. Von todeswürdigen Übeltaten kann überhaupt nicht die Rede sein, denn diese sind ja ausdrücklich dem obersten LR. zugewiesen; es kann sich also nur um leichtere Sachen handeln und zwar ohne Rücksicht auf den Charakter der Heimlichkeit und Öffentlichkeit (denn wer sollte dann diesfalls Richter sein?) oder, kurz gesagt, wir haben *poslich* lediglich als Diminutiv von *pös* aufzufassen und nach p. d. zu ergänzen: was nicht an das Leben geht. Auch unter „*deuphait*" vermag hier nur derjenige Diebstahl verstanden zu werden, bei dem es nicht an den Kragen geht. Eine andere Deutung, als daß eben die Kapitalsachen

---

[1]) Öst. Wst. 1, 52, 43; Auer, Münch. StR., Art. 248; Schuster, Wien. StR.-buch 105; Koch-Sternfeld, Hist.-stat.-geogr. Beitr. 2, 75 ff.; daß übrigens auch wegen ehrbarer Sachen gerichtet wird s. Steir. LR. Art. 234, Öst. Wst. 7, 836, 8.

[2]) Zallinger, 107; Reichst. Urk. Kempten, f. 19 (1381); Freyberg, Samml. hist. Schr., 5, 67; s. hier auch die „*poshait*" (d. h. Missetat) des Edelmanns u. gew. schädlichen Mannes in Bischoff, Steierm. LR., Art. 224, 179, 231.

hier dem obersten, alle übrigen jedem beliebigen Richter unterstehen, scheint mir wenigstens durchaus ausgeschlossen. Die Vorschrift bekundet also wieder recht deutlich, daß die bösen Dinge alle schweren Verbrechen umfassen [1]).

Wenn sodann Z. behauptet, daß die Landfrage mit der Rüge wenig gemeinsam habe, so möchte ich auf das Rügeverfahren im Hst. Würzburg verweisen, wo die Rüge mitunter selbst Landfrage heißt, wo auch jeder, der „*eigen rauch*" hat, erscheinen muß und rügepflichtig ist, wo gerade der Verletzte in Sachen, welche der Gegner weder öffentlich beging, noch „*an laugen*" standen, den Weg der Rüge dem der Klage vorzog, da er dann eben ohne eignes Risiko seinen Schaden geltend machen konnte. Dieser wurde dann als Leumund gerügt, alles Offenkundige als Wahrheit und „*was für ein warheit gerügt werde, do gehort kein ligens für*" [2]).

Über die stille Frage in Baiern erfahren wir leider nichts Näheres. Ohne Zweifel sind hier, wie auch sonst in den bairischen Satzungen, unter den schädlichen Leuten Verbrecher an sich zu verstehen, kurz vorher heißt es, der Scherge solle nachts stets daheim sein „*er hätte dann schedlicher laeut*", d. h. eben Verbrecher, da ja selbstverständlich alle dem Gericht überlieferten Gefangenen seiner Obhut unterstehen [3]).

Wie Z. bei der Landfrage zu einem Übersiebnen kommt, ist mir unerfindlich; nach Art. 16 soll jeder zum Zeugnis sich Meldende bei seinem Eid sagen, was ihm „*kund u. gewissen sei u. sol die sag offenbar geschehen*". Ein Übersagen mit Eidhelfern kann hierunter nicht gemeint sein. Die von Z. angezogene Satzung aus Otakars Lfr. von 1251: „*die lantrihter suln vrag haben schedelicher leute u. swer übersagt wirt, uber den sol man rihten, als reht ist*", scheint überhaupt mit der vom Landesherrn angeordneten Landfrage des LR. wenig Zusammenhang zu besitzen; sie ist wohl lediglich eine Mahnung an die Landrichter, ev. durch Abfragung an Rügetagen auf die Aufspürung von Verbrechen bedacht zu sein, wornach das sonst übliche Verfahren platzgreift. Denn es wird hier gerichtet „*als reht ist*", was man von der Frage des LR. nicht zu sagen vermag. (Art. 15: „*Es sol der lanndesherre dhain frag haben, wann das ist nicht recht. Irre iemant icht, der*

[1]) Hasenöhrl, öst. LR. 270.
[2]) Zenten 2, 398 ff.
[3]) Quell. u. Er. 6, 113.

sol das clagen in offner schrann mit vorsprechen u. sol man denn das richten als recht ist u. nach des lanndes gewonhait")[1]).

Ebenso ist das Geräune mit der Landfrage nicht zusammenzuwerfen, schon deshalb, weil es sich dort um kein öffentliches Vorgehen, sondern, wie bei der stillen Frage in Baiern, um eine inquisitio handelt (geramen, hoc est consilium secretum, ita quod convocaverunt nobiles et villanos superiores). Es ist dieses äußerst summarische Verfahren vornehmlich angeordnet worden, um den heillosen Zuständen, dem Unwesen des Räuber- und Diebsgesindels in der Ostmark ein Ende mit Schrecken zu bereiten. Wir lesen hier von fures, spoliatores et inutiles homines, pacis et patrie turbatores, diep u. verräther, castra depopulata et destructa; 1402 dauerte das „*greyn*" fast ein halbes Jahr, worauf 1403 wieder multi nobiles et ignobiles suspensi et decolati et multa castra destructa sunt. Prüfen wir übrigens die darauf bezügliche Stelle in Hagens Chronica von 1402, so handelte es sich hier lediglich um eine politische Maßnahme, d. h. einen Kriegszug gegen die Aufständischen in Böhmen und Mähren (200 spiess u. schüzen u. 50 wagen mit kazen u. büchsen). Kurz, sei dem, wie ihm wolle: mit dem geordneten Verfahren der Landfrage des LR. hat dieses tumultuarische Vorgehen nur wenig gemein; wenn übrigens sogar den inutiles, d. h. unnützen Leuten — von schädlichen L. ist nirgends die Rede — der Garaus gemacht wurde, welche sonst nirgends im heil. röm. Reich der Richtung unterlagen, so darf man sicher sein, daß dem Geräune nicht nur die landschädlichen L. in S. Z.s, sondern zum mindesten auch außerdem Übeltäter jeglicher Art zum Opfer fielen, um im Sinne der LandesO. von 1338 zu sühnen, was „*schedeliches u. ungerichtetes*" im Lande war[2]).

Und nun zum Übersiebnen selbst und den dessen Aufhebung bezweckenden Leumundsbriefen! Zur Ergänzung meiner früheren Ausführungen sei nochmals ein Streifzug durch die Länder und Städte, welche sich zur Einführung des Übersiebnens entschlossen, unternommen.

6.

Vorerst noch einen Blick auf Franken, wiewohl ja gerade die dortige Praxis, zumal in Nürnberg und den Hochstiften Eichstätt

[1]) Hasenöhrl, öst. LR. 242.
[2]) Zallinger 88 ff., 129, 98.

und Würzburg, die Hinfälligkeit der Z.schen Hypothese besonders klar erweist [1]). In diesen beiden Gebieten wurde bekanntlich das Übersiebnen zum ordentlichen Verfahren wider alle gefangenen Übeltäter. Bei Bamberg wurde kurz erwähnt, daß hier das Übersiebnen überhaupt nur bei fremden Missetätern, also nicht nur landsch. Leuten in S. Z., sondern Gästen jeglicher Art platzgreift; ich stellte diese Vermutung auch für Nürnberg auf, freilich nur insoweit, als eben dem Bürger laut Privilegs bei jeder Missetat, abgesehen von Totschlag, Blutrunst und Heimsuchung, der Reinigungseid gestattet war, an die Stelle der Todesstrafe die ewige Turmhaft (Einmauerung) trat und viele Einheimische durch Selbstverbannung (unter Festsetzung der peinlichen Sühne für den Fall der unerlaubten Rückkehr) dem Verhängnis entschlüpften. An sich freilich mochte der Nürnberger ebensowenig wie der Würzburger vor dem Übersiebnen gefeit gewesen sein. Das N. Formular führt fünf Halsgerichte auf; Z. stößt sich daran, daß Totschlag und Notzucht fehlen. Aber ließ man diese vielleicht aus triftigen Gründen weg, so sind doch jene HG. ohnedies lediglich als Beispiele aufzufassen, denn es heißt in der O.: „*wie man rihtet uber ainen mentschen. ist daz ain schedlich mentsche gevangen wirt, um welh tat er gevangen ist, da mac man in umbe ansprechen*“, also doch gleichviel, welche Missetat in Frage steht. Im übrigen darf ich auf meine Ausführungen im N. Kriminalverfahren und den „Zenten“ verweisen [2]).

Was Bamberg anlangt, so ist noch ein Einblick in das Stadtrecht selbst von Interesse. In § 136 ist erwähnt, daß um Mord, Raub, Falsch, Verräterei, Notzogen und Landzwingen gerichtet wird. „*U. wenn der einer gevangen wird*“, heißt es im nächsten Abschnitt, über dem in Klammer „*von schedlichen menschen*“ steht, so wird er mit Geschrei und mit der Handhafte vor Stadtgericht und Zent geschleppt. Tit. 16 bringt hierauf Satzungen in Hinsicht auf die Handhafte der Mörder und der „schädlichen Menschen“ überhaupt und zwar der Brenner, Notzüchter, Fälscher, Diebe, Räuber, Verräter, Landzwinger. Im Anhang II findet sich ferner die HGO. selbst: „*wie man's ordentlichen an den zentgerichten halten u. auch handeln soll, als das von alter u. vor langer zeit herkomen ist*“, d. h. wir haben hierin

[1]) Zenten 2, 467 ff.

[2]) Zoepfl, d. alte Bamb. Recht, 143 f.; s. mein Nürnb. Kriminalverfahren (Ztschr. f. d. ges. Strafrechtsw. Bd. XII) 245 ff.

jedenfalls das ordentliche Verfahren selbst vor uns. Der Verbrecher heißt hier schädlicher Mann — *sein dieb u. des lands dieb* — *morder u. lands morder.* In § 192 sind als Beispiele von Todeskandidaten der Dieb, Brenner, Verräter und der, der einen „*umb daz sein genotigt*“ aufgeführt. Die HGO. erfreut sich übrigens noch der ursprünglichen Fassung; es wird die Handhafte beschaut, ob sie besser denn 13 ß, d. h. ob es sich wirklich um todeswürdigen Diebstahl handelt [1]). Daß endlich der Art. 173 der C. C. B., d. h. „*das besiben der ubeltetter*“ auf alle Verbrecher gemünzt ist, wird wohl angesichts des Wortlauts desselben niemand bezweifeln [2]).

Daß in Weißenburg dem Übersiebnen jeder Missetäter verfiel, geht mit Deutlichkeit aus dem Leumundsbrief von 1431 hervor, der erteilt wird, weil „*durch der siben ayde willen, die man in disen landen* über *mistetige leut pfligt zu haben*, (das Gericht) *fast verhindert u. böse leut dadurch gefristet werden*“ — im Vergleich mit dem gleichzeitigen Privileg für Leutkirch: „*daß wir gemerckt u. angesehen haben, daß mit den syben eyden, die man dann in etlichen unsern u. des reichs stetten über schädlich u. übelthätig leuth zu thun pflegt, die gericht oft u. dick verhindert u. solch schädlich leuth ungestrafft u. gefristet werden, darum daß man an solchen eyden instünden gebrechen hat*“ (ebenso Dillingen und Füssen; man ersieht hieraus zugleich die völlige Gleichstellung von Übeltätern, Missetätern und schädlichen Leuten). Der W. Rat erringt demgemäß eine völlig unabhängige Stellung dem Richter des Reichs gegenüber, indem er nicht nur die von Amtswegen zu richtenden „*der stat, landen u. lüten*“ sch. L., sondern auch sonstige „*untädige*“ L., d. h. solche, welche durch einen Privatkläger angesprochen und, wie in der Regel Totschläger und Notzüchter, nur im Privatinteresse verfolgt werden, endlich vor allem diejenigen, welche wegen geringerer Reate nur mit Landesverweisung und Geld-

---

[1]) Zoepfl 129. Die beiden Formulare auf S. 129 u. 134 bekunden deutlich die Wandlungen des Verfahrens selbst: Zuerst wurde die Handhafte des Diebes und Mörders beschaut, dann mit Einführung des Übersiebnens der landsdieb u. landsmörder — denn diese deuten unzweifelhaft auf ein Übersiebnen hin — eingefügt; endlich bleiben jene unbehelligt stehen, trotzdem es doch jetzt nur noch auf die Urgicht nach gütlicher oder peinlicher Befragung ankommt. Ähnlich bei der Nürnb. Übersiebnungs O. und verschiedenen Würzburger Formularen, s. Zenten 1, 1344 ff.

[2]) Zallinger 202.

buße geahndet werden „*nach lewnden u. des rats erkennen u. ußsprechen umb solch ihr missetat u. untade straffen u. büßen*" soll. Einen Gegensatz hierzu bildet z. B. das Aalener Privileg, gemäß dem der Rat nur sch. L., die keine Ankläger haben (übel verläumbt, übelthätig u. sch. l. — nicht Stadt, Land sch. l.), „*bis zu dem todt oder an gliedern*" richten darf [1]).

Genauere Unterscheidung trifft bekanntlich das Dinkelsbühler Übersiebnungsprivileg insofern, als hiernach sch. L., die „*des ziges selbst bekennen*" ohne weiteres, d. h. durch Ratserkenntnis verurteilt, für den Fall des Leugnens selbsiebent (mit sechs unversprochenen Mannen) überwunden werden; ist die Tat jedoch frisch und offenbar, selbdritt [2]). Daß es des Übersiebnens nach Ablegung der Urgicht vor zwei Ratsleuten nicht mehr bedarf, ist auch für Windsheim und Kitzingen ausgesprochen; in jenem Privileg ist für schädliche: übelthätige Leute gesetzt, da ja diese (wie auch missetätig) hiemit völlig identisch sind [3]). In Würzburg ist zu dieser Zeit trotz Marter und Urgicht das Übersiebnen noch unbedingtes Erfordernis [4]). Die Rothenburger richten nach Nürnberger Brauch [5]). Daß auch in Aschaffenburg der sch. M. lediglich der Verbrecher ist, bezeugt das Privileg Karls IV. für Bischof Gerlach von Mainz, indem er ihm gestattet, A. zur Stadt zu erheben und Stöcke, Halsgericht, Galgen und Räder für sch. Leute aufzustellen [6]). Er wird dies doch nicht nur den Landschädlichen zu Liebe getan haben! Auf Frankfurt komme ich noch bei Ulm zurück.

7.

Betreten wir nun das schwäbische Gebiet, das bisher noch zu wenig gewürdigt wurde, so überwiegen hier diejenigen Satzungen, nach welchen das Übersiebnen nur dann notwendig ist, sofern es an der Handhafte (Schub, Binufte) mangelt.

---

[1]) Reichsst. W. Urk. Nr. 112, ReichsA. München, Lünig, Reichsarchiv 13, 1289; Gengler, Cod. Mun. Aalen, 10.

[2]) Lünig, Reichsarchiv 13, 464; Zallinger 199.

[3]) Schneidt, Thes. jur. franc. 1, 485 f., Zallinger 200, Zenten 2, 445.

[4]) Zenten, 2, 444 f.

[5]) Reichst. Urk. Rothenburg, f. 7 (1368) ReichsA. M.

[6]) Gengler, Cod. mun. Asch. 4.

Das Augsburger Stadtrecht von 1276 gebraucht den Ausdruck schädlich nur selten, aber dann als gleichbedeutend mit Übeltäter. So: „*ein jeglich vogt ze A. hat daz reht an der sturmgloggen, daz er die luten sol, swenne er ir bedarf, so er rihten wil uber diebe, uber rauber, uber morder, uber den totslac unde uber alle schaedeliche lute*", d. h. so oft er eben peinlich richtet. Ferner „*welch reht daz closter von s. Ulriche hat, ze behalten einen jeglichen schaedelichen man: swaz ein man tut, der dar geflohen kumt, als er uf die grede kumet, so sol er fride haben*"; ebenso im folg. Art. „*w. r. unser herren vom chore habent, auch sch. l. ze behaltenne*", wo von einem, der geflohen, da er Totschlag und Wunden getan hat, die Rede ist. Sonst kommt schädlich im Stadtrecht m. W. überhaupt nicht vor, Diebe usw. sind nie als sch. L. bezeichnet. Auch im A. Leumundsbrief aus dem 15. Jh. ist im Gegensatz zu den meisten andern Lbr. missetätig statt schädlich gesetzt, was wieder deutlich bekundet, daß das schädlich in solchen Privilegien lediglich missetätig bedeutet, um so mehr, als gerade in dem von A. allein der missetätigen Leute gedacht ist, die sonst als dem Land und Leuten sch. L. bezeichnet werden, d. h. derer, welche eines Anklägers ermangeln: „*Wenne misstättig lüte in der statt zu A. fancknüsse umb missetat komen, da man dehaynen anclager hat oder gehaben mag u. doch die war tatt, der schub, das bekennen oder veriehen ist, was denne ain raut umb dieselbe missetat nach innhalt der statpuch uff er u. ayde erkennen, das man dartzu dehainer anndern getziugnüsse noch bewaerung mer bedarff*". Es soll jedoch der Reichsvogt, der den Bann hat, hiebei im Rate sitzen und als Frager fungieren.

An Übersiebnungsfällen kennt das A. Stadtrecht: den Totschlag („*ist aber, daz er gevangen wirt uf der fluchte unde uf eime andern waege, der gen dem vogte niht gat* (d. h. sofern er sich nicht freiwillig dem Vogt stellen will), *wirt der gebunden unde gevangen furbraht*", dann darf er „*bereden*", daß er tatsächlich zum Vogt gehen wollte, „*man beziuge in danne selbe sibende, daz des niht ensi, unde daz er auch schuldic si an dem totslage*"), den Diebstahl (wenn der Schub vorliegt, genügt Eineid des Klägers), den Raub und Mordbrand (ebenso) und die Vergiftung („*vergit iemen dem andern, daz im an den lip gat, er genaese oder staerbe*"). Da es sich hier um die Zeit vor dem Landfrieden von 1281 handelt, so sei bemerkt, daß das Übersiebnen des Diebes und Räubers auch im Schwabenspiegel („ersternfalls freilich mit Zeugen) vorkommt; das Überwinden des Brenners gründet sich auf die Satzung des Brandbriefs von 1186. Den gefangenen Mörder überkommt man mit „*drin mannen oder mit frawen, die ez wizzent oder hant gesaehen, daz er daz mort hat getan*“, den Notzüchter mit „*mannen oder wiben, die daz geschrai gehoret haben*“. Besonders streng verfährt man gegen den Fälscher. Findet man bei ihm Gold oder Silber „*daz uber halp valsch ist, swa man des die warheit vindet, den sol man umbe den valsch henchen; unde als uber in gerihtet wirt d e r s t a t u n d e d e m l a n d e* (d. h. ex officio!), so hat der Vogt mit seinem Gute nichts zu schaffen. Wird ein „*biderber*“ Mann mit falschen Pfennigen ergriffen, so darf er durch Eineid „*bereden, daz er niht enweiz, waer ez im gaeben hat*“; dies Vorrecht steht selbst dem Gast zu, wenn man auch mehr als sechzig Falsifikate bei ihm vorfinden sollte. Er muß jedoch hiebei ein „*erchant u. erbaer man*“ sein: „*ist daz der beschaidenheit aller da niht ist, so sol man uber in rihten ane blutige hant*“.

Es ist übrigens wahrscheinlich, daß später, wenigstens stets, wenn kein Schub vorliegt (und auch bei Mord können ja die Zeugen fehlen, wie bei Fälschung der Schub), übersiebnet wird: „*swenne ein man stat vor gerihtes umbe den lip, den man ubersibenden muz, ob der schup niht zegagen ist, swenne ez daran gat, daz man die geziugen andingen sol, so sol man si besunder andingen*“. Das Übersiebnen erfolgt dann in der üblichen Weise: „*swan der chlager des ersten bereit* (beschwört), *daz er d e r s c h u l d e s c h u l d i k s e i , u. die sechse, die im helfen wellent, hinnach swerent, daz der ait rain si u. niht main, so hat er sin reht behabt*[1]).

Nach jenem Blick auf die dem Lfr. von 1281 vorangehende Epoche sei vorerst der Übersiebnungsprivilegien der Stadt L i n d a u gedacht. In dem von 1321 heißt es: „*daz die ersamen burgaer ze L. von alter ain gewonhait herbraht haben, swelhe schaedelich man oder wip in ir gerihte käm gebunden oder gevangen oder von schulde in ir gerihte geantwurtet werden, wan mit dem binufte* (Handhafte). *wan wir nu dez verstanden, daz taegelicher gebrest u. schade u. kriechlicher komen mechten, so haben wir usw.: swelhe sch. m. oder wip ze L. in das gerihte kaeme, bi dem diu ware schulde oder der recht schup niht funden wurde, denselben menschen sol ain jeglich man gewalt han, ze überkomende mit sehs er-*

---

[1]) Meyer, Ch., Stadtbuch von Augsburg, 64, 37, 38, 174, 82, 96, 92, 94, 109, 85, 107, 100, 101.

barer manne aide, u. sol dane der klaegel den sübenden aide selbs tun.“

Die Übersiebnung ist also hier generell durchgeführt ohne Beschränkung auf bestimmte Delikte. Daß wir aber in den „*sch. man u. wip*“ lediglich Missetäter vor uns haben, geht zudem mit Deutlichkeit aus der Bestätigung K. Ludwigs von 1331 hervor: „*mainent wir dieselben gewohnheit (mit dem benufflichen) abzunemmen u. wollen, daß sie halten die recht, die Künig Albrecht setzt zu Nürnberg, da nach dem landfried usw.: daz sy mugend m a n n o d e r w e i b , die in ihr gericht gefangen werdent oder darein geantwortet werden umb schuld, die bey in funden würt oder nit, die m e n s c h e n soll ein ieglich man gewalt han, zu übersiebnen.*“ Liegen jedoch die rechte Schuld und der wahre Schub vor, so sind zwei Helfer für ausreichend erklärt. Ich möchte hier zum Überflusse nochmals auf den Leutkircher Leumundsbrief von 1431 hinweisen (*mit den syben eyden, die man in etlichen unsern u. des reichs stetten über s c h ä d l i c h u. ü b e l t h ä t i g leuth zu thun pflegt* — in Weißenburg „*mißtetig*“); Leutkirch aber sind ausdrücklich alle Rechte und Freiheiten Lindaus verliehen [1]).

Prüfen wir sodann noch andere auf Lindau bezügliche Dokumente, so ist das von 1376 beachtenswert, wornach L. die Stadt Konstanz veranlaßte, einen sch. M., der sch. w a r dem Lande mit Diebstahl „*zu sinem lip als von ainem rehten diep ze rihten*“. H. Mänteli verteidigt sich damit, daß er jenen während der Fehde, d. h. „*in offen kriegen getan u. geträwte got u. dem rehten, daz ieman uff in wisen möht, daz er sich mit düpstal verwürkt het, darumb man im den lip nemen solt*“. Dieser Einwand frommt ihm indes keineswegs; er wird „*usgefürt an die stat, da man schädlich lüte* (d. h. alle Verbrecher) *rihtet nach ir schuld*“ [2]).

1377 läßt L. einen sch. M. zu Ehingen nach der Stadt Recht berechten. Er wird „*gebunden u. gevangen u. mit der gloggen, alz man ainen sch. m. von rehtz wegen fürfüren sol* (d. h. jeden Verbrecher, s. das Läuten der Glocke in Augsburg bei peinlichem Recht) *für griht braucht*“. Man gewährt ihm einen Fürsprech, worauf nach des Stadtanwalts Klage, des Beschuldigten „*versprechen u. widerred ir beider fürsprecher*“ der Stab gebrochen wird [3]).

---

[1]) Reichst. Urk. Lindau, f. 10 (1321), Z. 149; Lünig, Reichsarchiv, 13, 1286.

[2]) Reichst. Urk. Lindau, f. 23 (1376) ReichsA. M.

[3]) Reichst. Urk. Lindau, f. 24 (1377) ReichsA. M.

1396 erringt der Rat das Richtungsrecht über alle sch. L., d. h. diese (wie in Kaufbeuren), sofern „*dem merer tail nach lewinden dunket u.* (sie) *uff ire ayde sprechen, das sie ire stat, landen u. lüten sch. l. sind, umb ire missetate ze richten*". Es wird zu diesem Zweck dem Ammann der Blutbann (doch wohl nicht nur der Landschädlichen im S. Z. wegen) verliehen. Gleichzeitig erwirken die Bürger das Zugeständnis, „*das sie alle u. igliche echtere, die heimliche oder offenbar ehtere sind, usw. uffnemen, enthalten, husen u. hofen u. alle gemainschaft mit in haben mügen*" [1]).

Für Memmingen gelten die nämlichen Prinzipien. Prüft man nämlich die verschiedenen Satzungen des Stadtrechts, so ergibt sich ebenso, wie z. B. im oberbairischen LR., die Tatsache, daß eben für Verbrecher keine andere Bezeichnung als sch. L. gebraucht wird. So heißt es, man solle weder Ausleute noch Bürger ohne des Rats Willen festnehmen; es sei denn, daß man einen jagt wegen Diebstahls oder Totschlags, der in ein Haus entrinnen will; dann soll man jeden anrufen „*das sy den schädlichen man usserhalb dem hus bestellent*". Macht einer einen sch. M. auf des Rats Geheiß dingfest, der nicht Bürger ist, — also auch dieser ist ev. ein sch. M. — tötet er ihn hiebei, so soll die Stadt für ihn eintreten; wer ihn darum befehdet, der ist in derselben Schuld „*als die sch. lüt*".

Im Hinblick auf die Halsgerichtssachen ist zuerst der Diebstahl angeführt: „*wär daz ieman hie gevangen von diupstal wegen*", d. h. doch wohl jeder Dieb. Es wird verbürgt, das gestohlene Gut geschätzt, ob es besser, denn 5 sh., der Kläger muß wahrmachen, daß ihm jenes wirklich gestohlen worden, was die zwei Helfer bekräftigen. Ist nun der Diebstahl „*nit ze gagen, so muoss der klager sechs erber man zuo im haben, die im dez helffent*" [2]). Der Stadtkläger genießt hier, um die erforderliche Helferzahl aufzubringen, das Vorrecht, daß er jeden des Umstands auffordern darf, auszusagen „*was ihm kund u. wissent oder was sy ze maul oder vor gehört habent*", und zwar unter dem Risiko einer Buße.

Der folgende Artikel huldigt nun dem nämlichen Verfahren bei Raub, Brand, Mord und unrecht Widersagen (hier bedarf es zweier „*die dez ansager sint uf ir aid, das der gefangen dem klager widerseit*

[1]) Reichst. Urk. Lindau, f. 36 (1396) ReichsA. M.
[2]) Freyberg, Samml. hist. Schr. 5, 286, 257, 251 f.; Zallinger 176 f.

hab" oder eines besiegelten Briefs des Widersagens; mangelt es hieran, so sind sechs Helfer nötig), d. h. man überwindet selbdritt bei Vorliegen der Handhafte, sonst selbsiebent. Schließlich heißt es: „*ist aber, das ainer oder mer umb ander sach für schädlich lüt für gericht geantwürt werdent, über die sol man denne ober richten, wie reht ist, nach der taut, alz die denn geschaffen ist*". Z. vermutet, daß hier kein Übersiebnen Platz greift, sondern das alte Stadtrecht. Dies trifft jedoch kaum zu, die vorangeführten Delikte charakterisieren sich wohl lediglich als Beispiele, d. h. Hauptfälle. Ich glaube wenigstens, daß auch Fälscher und Notzüchter, da das StR. über diese Delikte schweigt, mangels der Handhafte übersiebnet werden und nicht minder, wie in Augsburg, der gefangene Totschläger. Dabei enthält auch der vorige Artikel ausdrücklich die Bestimmung: „*man mag ouch wol zwen oder mer sch. l. in ain klag nemen u. mitainander berechten umb ain gelich schuld, ez si diubstal, roub, mort, brand oder ander schuld*, wobei, sofern der Diebstahl nicht todeswürdig, auf Leibesstrafe erkannt werden soll [1]). Nach obiger Satzung kommt sodann jeder, der wegen irgendeiner Schuld, d. h. Missetat, angesprochen wird, als sch. M. in Betracht. Endlich sei noch erwähnt, daß der der Tat geständige sch. M. oder, sofern er „*den klager oder den geziugen der ayd uberhebt*", nicht mehr übersiebnet zu werden braucht. Im übrigen erfreut sich Memmingen der Rechte und Freiheiten Ulms [2]).

1403 erteilt K. Ruprecht den Bürgern des Rats die Freiheit „*alle u. igliche sch. l. u. personen, mortbrenner, rauber, dyebe oder wie die genant sint, die uffenlich oder heimelich sch. l. sint* (*nicht des landes sch. l.!*) *umb yre missetad*" zu richten. Zugleich empfängt der Ammann für immer das Recht, über Blut zu richten [3]). In der Bestätigung von 1438 heißt es: „*über alle u. jeglich übeltätig u. sch. l., ain yeglichen nach sinem verschulden*". 1416 wird bereits ein Befehder (*wan er ain gesellschaft an sich genomen u. gesworn hett, den hertzogen v. Tegg u. ander leut anzegreiffen*) auf diese Weise verurteilt [4]).

Von nicht geringer Bedeutung scheint ferner das Kemptner Privileg von 1331: „*wir nemen ouch ab daz gedingen u. den binuft u. die gelerten wort, damit si in ir geriht da her schedlich lüte uberkoment*

---

[1]) Freyberg, 5, 252; Zallinger 177.

[2]) Reichst. Urk. Memmingen, f. 1 (1296) ReichsA. M.

[3]) Reichst. Urk. Memmingen, f. 21 (1403) ReichsA. M.

[4]) Reichst. Lit. Memmingen, 3, 21, ReichsA. M.

hant, u. geben in die reht, wer ain sch. mensche für ir gericht antwürt u. diu geware schulde uff in geschoben wirt, mag der clager den überkomen mit zwain unversprochen mannen, daz sin hant diu dritte ist, mit gelerten ayden, daz in der clager denne mit dem rehten überwonden habe. wa aber diu ware schulde nit ist, so sol der clager daz mensche, daz er für gericht geantwurte hat, überkomen mit sechs unversprochen mannen, daz sin hant die siebenden ist, mit gelerten ayden u. sol den sch. menschen damit überkomen han, daz im dem der richter zu sinem libe richten sol, darnach dafür er den menschen geantwurt hat". Auch dies bekundet wohl deutlich, daß wir es hier lediglich mit einer Abänderung, bzw. Erleichterung des Verfahrens zu tun haben, da eben bei dem alten Prozeß mit Handhafte bisher, wie es in Lindau heißt „*taegelicher gebrest u. schade u. kriechlicher kam*" und zudem auch, daß eben der sch. Mensch nichts anderes als den Missetäter an sich bedeutet [1]). Aus einer Urkunde von 1381 geht endlich hervor, daß es, wie in Memmingen, des Übersiebnens nicht mehr bedarf, sofern sich der Beschuldigte zu einem Geständnis herbeiließ [2]).

Kaufbeuren werden 1330 alle Rechte der zu Memmingen zugesichert, das Privileg von 1418 entspricht auch im wesentlichen dem von 1403. Stehen nicht todeswürdige Verbrechen in Frage, so sollen sie „*so mißtetige u. sch. l. u. personen nach irem erkennen am leib mugen straffen mit ogen ußzustechen oder oren abzusneiden oder andern straffen, dornach sy verschult hetten*" [3]).

Ähnlich die Leumundsbriefe für Biberach (1401), Buchhorn (1413), Donauwörth (1434), Eßlingen (1391), Schwäb. Gemünd (1433: „*all u. jegliche sch. l., es seyen mörder, mordtbrenner, fälscher, räuber, diebe oder wie die genanth, heissen oder geschaffen seynd — jeglichen solch straffe u. bueß, als sich deme zue solcher missethat gebührt*), Schwäb. Hall (1429: „*missetätige u. übelthätige* (!) *L.*"), Leutkirch (1431), Reutlingen (1495), Rothweil (1359), Weil (1398) [4]).

---

1) Reichst. Urk. Kempten, f. 8 (1331) ReichsA. M.

2) Rst. U. K., f. 19 (1381) RA. M. Leumpriv., Lünig, C. jur. f. 1, 1171.

3) Reichst. Urk. Kaufbeuren, f. 3 (1330), f. 8 (1418) ReichsA. M.

4) Lünig, Reichsarchiv, 13, 189 (Biberach); Lünig, 13, 312 (Buchh.); Gengler, StadtR. 149 (Gem.); Lünig, 13, 903 (Hall); Lünig, 13, 1289 (Leutk.); Lünig, 14, 311, Zallinger 211 (Reutl.); Lünig, 14, 592 (Weil). Verleihung des Blutbanns: Rstadt. Urk. Lindau f. 36 (1396), Lit. Memmingen 3, 21, Lit. Nördlingen 10, 74, Ludwigselekt. Nr. 472 (Nürnberg) ReichsA. M.

Beachtenswert scheint, daß zu Aalen, wie erwähnt, das Richtungsrecht der Ratsleute (1433) nur für den Fall erteilt ist, daß „*übel verläumbt, übelthätig u. sch. l., die in ihrer statt gefängnus gebracht worden*", keine Ankläger besitzen; andernfalls greift das alte Verfahren Platz, d. h. der Reichsrichter bleibt kompetent [1]). Das Gegenteil ist, wie für Weißenburg, ausdrücklich für Leutkirch, Dillingen und Füßen ausgesprochen. Also nicht nur dann, wenn es sich um ein Offizialverfahren gegen „*übelthetige l., die iren steten, landen u. leuten sch. l. sind*", handelt, sollen sie richten (s. hier auch meine Ausführungen in Zenten II, 467 f.), sondern auch über „*andere messetetige leut*", d. h. solche, die nur im Privatinteresse verfolgt oder mit geringerer Ahndung belegt werden, kurz über Verbrechen und Vergehen jeder Art [2]). Freilich wird in Aalen der Rat — schon um dem Richter des Reichs nach und nach völlig den Boden zu entziehen — eifrig darauf bedacht gewesen sein, auch alle übrigen Fälle vor sein Forum zu bringen, und dazu erklärte sich der Privatkläger gewiß stets gerne bereit, war doch so von einem eignen Risiko für ihn nicht mehr die Rede. Ich erinnere hier an das Herrnbreitinger Wst. (1500): „*u. wo einer so arm were, sein dieb nicht mocht* (vermöchte) *richten, wenn er den beschreit hat fur sein diep u. eines gantzen landes dieb, so sol die gemein den richten lassen*" [3]).

Ein deutlicher Beweis, daß schädlich missetätig und übeltätig gleichsteht, ist auch, daß die Leumundsbriefe mancher Städte dem sch. M. letztere Ausdrücke substituieren, so z. B. die von Konstanz und Überlingen. Wenn es hier heißt, sie sollten richten, sofern „*ein werltlich man in solichem gemeynen oder beschriebenen bösen lümden oder missetat erfunden odir von yn ergriffen worden, darumbe er den tod von solicher missetat verdient oder verschuldet hatte u. sich des der rat uff ire eyde erkenten*", so heißt dies nichts anderes, als daß nach Beseitigung der Notwendigkeit des Schubs und der Siebner der gesamte sonstige Apparat des Beweisverfahrens (Zeugnis, Kundschaft von auswärts, Folter, Indizien, s. hier die Ausführungen des Bischofs Lorenz von Würzburg „*nach abthuung der sibner*") genützt werden soll, um die völlige Überzeugung (*uff ire eyde*) von der in Frage stehenden Schuld (*von solicher missetat*) zu erlangen. Z. hat dies

---

[1]) Gengler, Cod. mun., Aalen 2.

[2]) MonB. 34, I, 330; Lünig, Reichsarchiv, 13, 1289.

[3]) Grimm Wst. 3, 593.

Verfahren, wie insbesondere auch die beiden Nürnb. HGO. von 1481 und 1526 völlig mißverstanden, indem er hier unbegreiflicherweise nicht die konkrete Schuld des Beklagten, sondern nur im allgemeinen die Land- und Stadtschädlichkeit, den verbrecherischen Lebenswandel, bzw. den entsprechenden Leumund als maßgebend erklärt [1]).

In Nördlingen verleiht der Bürgermeister seit 1398 dem Ammann den Blutbann „*davon das von verseumpnuß solcher sache sch. l. in ir missetat nicht gesterckt u. dester furderlicher zu in gericht muge werden*" (ebenso in Bopfingen); der Ammann wird aber doch diesen Bann nicht nur wegen landschädlicher L. i. S. Z. erhalten haben [2]). Die dortigen Juden erwirken bereits durch K. Ludwig, wie die Augsburger, die Freiheit, daß über schädliche Juden vier ehrbare J. zu Gericht sitzen dürfen. Sonst steht dem Rat, wie auch in Rothenburg, das Recht der Nürnberger zu, sch. und übeltätige L. inner- und außerhalb der Stadt aufzugreifen [3]). Die Satzung des Tübinger Stadtrechts von 1388 scheint zwar durch ihre prägnante Kürze auf ein sehr summarisches Verfahren hinzudeuten, im Grunde genommen aber ist der schädliche Mann auch in ihr nichts als ein schlichter Missetäter [4]).

Eine Ausnahme bilden Ulm und Ravensburg, indem hier nur die wichtigsten sch. L., d. h. Dieb und Räuber, übersiebnet werden. In Ulm genügt bei Vorliegen der Handhafte des Klägers Eineid. Der bei einem „Schaden" Ertappte und bei der Festnahme Getötete, soll dem R. und D. gleich übersagt werden; inwiefern er sich gegen den Kläger vergangen, ist ohne Belang. 1346 wird den Ulmern, wie erwähnt, verstattet, ein Achtbuch zu führen „*u. wo sich di veruffen niht verantwurtent, die muegen sie denne als ueberseit sch. l. in ir achtpuch schreiben u. verderben als ander ueberseit schedlich laeut u. kein geriht ueber si ergan*". Des Totschlägers ist besonders gedacht; erscheint der Bezichtigte nach dreimaliger Aufforderung nicht, so macht der Kläger die Schuld selbdritt wahr, worauf die Ächtung erfolgt. Sonst kann sich der sich zu rechter Zeit stellende sch. M. selbdritt vom Verdachte ledigen. Gleichzeitig erwirken sie die Befugnis, das Amman-

[1]) Gengler, Cod. mun. 643, 55; Lünig, Reichsarchiv, 14, 541, Zallinger 194 f., 206 f., 221, 224.

[2]) Reichst. Lit. Nördlingen, 10, 74 ReichsA. M.

[3]) Rst. Lit. Nördl., 27, 76 [b].

[4]) Wächter, Beitr. z. deutsch. Gesch. 264; Zallinger 150; Gengler, StadtR. 493.

amt selbst zu besetzen[1]). In Ulm war es ferner Rechtsbrauch, daß bei Berechten sch. L., d. h. Verbrecher, der Vorspreche des Beschuldigten den des Klägers des Bannes oder der Acht zeihen konnte, worauf dieser, der Richter, die Schöffen und Büttel zwei Eide schwören mußten. Da hierdurch das Gericht verzogen wurde, wird die Abschaffung dieser Satzung mit des Kaisers Zustimmung verfügt. Eine ähnliche Vorschrift findet sich für Ravensburg vor; hier wird auch „*so man ainen schaedelichen man für geriht stellet*", der Fürspreche gemahnt, die Tagung nicht durch unnütze Einwendungen hinauszuziehen; doch „*mag u. sol er ufziechen gein dem claeger u. geziugen alle erber, redelich u. gewonlich ziug, so er beste kan u. mag*". Daß diese Satzungen für das peinliche Verfahren im allgemeinen gegeben wurden und demnach die in ihnen erwähnten sch. L. eben Missetäter an sich sein müssen, ist selbstverständlich[2]).

Vom Übersiebnen zu U. und R. erfahren wir Genaueres aus den Urkunden, die über die Einführung dieses Verfahrens in R. berichten. Auf eine Anfrage von R. hin schreiben nämlich 1352 die Ulmer: „*wir han vernumen, daz iuwer stat reht nach unserer stat reht stand u. gevestnet si u. daz ir etlichen gebrechen habent, wenne schedlich lüt für iuwer geriht koment*". Diese Gebrechen kennen wir, es ist die Ohnmacht des alten Prozesses, Übeltäter, die man nicht auf handhafter Tat ergriffen, überwinden zu können. Und nun teilen die Ulmer mit, auf welche Weise man bei ihnen verfährt, „*wenne ein schedlich man von rob oder von diebstal gebunden u. gevangen*" mit oder ohne Schub (ersternfalls selbdritt) „*für geriht kumt*", d. h. daß das Übersiebnen bei ihnen nur für den Fall, daß der sch. M. ein Räuber oder Dieb ist, Platz greift.

Deutlicher äußert sich das Privileg, welches hierauf R. i. J. 1354 erwirkt: Karl IV. erwähnt hier zuerst, daß er R. bereits begnadet habe „*mit allen den rechten, di dy burger von Ulmen von irer statt wegen von uns u. dem reiche haben in irer statgerichte zu richten über schedeliche lute*" (d. h. Verbrecher an sich); „*u. von b e s u n d e r n usw. so geben u. tun wir a u c h di gnad, ist daz ymand für irer stat gerichte*

---

[1]) Ulm. Urkb. 1, 254; Lünig, Reichsarchiv, 14, 215; Zallinger 183; Ulm. Urkb. 2, 289, 301, 303 (1296: qui alium damnificaverit in pascuis usw. sive in aliis bonis suis, si ille, cui infertur dampnum, illum in dampno suo invenit, illum offendit vel corrigit, nihil tenetur judici, Ulm. Urkb. 1, 233), 304.

[2]) ibid. 2, 409; Württ. Vierteljahrsh. f. Landesgesch., N. F. 18, IV, 451.

eynen diep oder rouber brenget mit der habe, di der gestolen hait oder geraubet, so sol u. mag der cleger behalten uf den heiligen, daz er sein diep oder rouber sei o d e r *daz er eyn schedelich man sei, sein u. dez landez usw. — u. also sul u. mag eyn ieclich man zu R. vor dem gerichte seinen diep oder rouber ewigclichen gewinnen*". Es wird demnach hier die Stadt neben den allgemeinen Rechten, die ihr in Hinsicht auf sch. L., d. h. Missetäter, zustehen, noch mit einem speziellen in bezug auf Diebe und Räuber begnadet.

Dies Privileg ist insofern wichtig, als aus ihm — analog dem Nürnberger Verfahren — hervorgeht, daß das Übersiebnen nicht nur für die dem Lande sch. L. zur Einführung kam, sondern es klagt der Kläger entweder über s e i n e n sch. M., (wobei er sich natürlich zur Übernahme des Risikos und insbesondere der Kosten (Bürgschaft) bereit erklärt), oder, sofern er dies nicht will oder vermag (s. d. Herrnbreitinger Wst.), über s e i n e n und des L a n d e s sch. M., der Stadtkläger jedoch nur über jenen des Landes.

Daß sich Ravensburg übrigens mit dieser Beschränkung des Übersiebnens auf Diebe und Räuber nicht lange begnügt hat, erweist folgende Satzung des Stadtrechts: Ist, daß ein sch. M. gebunden und gefangen wird geantwortet in unser Stadt für das Gericht mit einem Schub, schwört dann der Kläger, daß der sch. M. an ihm und dem Lande habe verschuldet mit Diebstahl, mit Raub, mit Brand, w i e d a n n d i e K l a g e z u i h m s t e h t, d i e a n d e n L e i b g e h t, daß man über ihn richten soll als über einen sch. M. — wie dann die Schuld ist, über Dieb, Räuber, Brenner u s w.[1]).

[1]) ibid. 449; Lünig, Reichsarchiv, 14, 215; Hafner, Gesch. d. St. Ravensburg, 122. Von Interesse ist hier eine in ob. Vierteljahrsh., 451 publ. Bestimmung. Nachdem bemerkt ist, daß Diebe und Räuber mangels der Handhafte übersiebnet werden sollen, heißt es in Bezug hierauf weiter: „*swenne man rihten sol über ainen schadelichen man, er si der dip ald (oder) der rouber, so sont di rihter alle ze geriht sin u. komen u. swele dar nit kont*", hat Buße zu entrichten. Jene Vorschrift erweist sich bei näherer Prüfung lediglich als eine ungenaue Übersetzung der Stelle des Ulm. Urkb. 1, 234: si fur vel predo fuerit dijudicandus, convocandi omnes judices; et quicunque judicum a judicio se absentaverit, nolens sententiam dare in illum, ad domum illius fur est mittendus et illi committendus, ut pro ipso respondeat. Es scheint sich also mancher mit der Einführung des Übersiebnens für Diebe und Räuber — und nur bei diesen wurde ja anfangs übersiebnet — nicht einverstanden erklärt und absichtlich seine Mitwirkung bei der Richtung versagt zu haben. Jene Satzung datiert natürlich nach 1354, wo das Übersiebnen in R. erst zur Einführung gelangte, weshalb in bezug auf die Stelle von 1345 (451), die von der Fest-

Karl IV. gibt den Ulmern endlich 1360 die bekannte Freiheit, alle sch. L., wie die genannt sind *„die der merer teil des rates nach lewnte erkennen u. auf iren eid sprechen, daz sie irre stat u. dem land u. leuten sch. l. sint, umb ire missetat“* zu töten *„nach laute der briefe der stat zu Frankenfurde, die wir den burgern daselbes vormals umb solche sachen darüber haben gegeben“* [1]). Und diesem Hinweis danken wir es, daß auch der, bei dem noch etwa ein Zweifel hierüber besteht, gewiß nun überzeugt sein wird, daß damals nach Anschauung des Reichs wie der Städte der schädliche Mann dem Missetäter durchaus homogen war. Auf die Anfrage der Ulmer nämlich, in welcher Weise die Frankfurter nach geltendem Recht über schädliche Leute richten, wird ihnen von diesen zur Antwort, daß sie *„über untedige lude richten nach dem, alse sich daz nach der ubiltat, die sie begangen hand, heischet“*, welches Recht ihnen mit andern Freiheiten von Kaisern und Königen bestätigt sei, nämlich *„nach der übeltat einen morder mit dem rade, einen rouber mit dem swerte, einen diep zum galgen, einen felscher zum kessel, einen nahtprenner u. ketzer zum fure u. in andern untetigen sachen, als sich jegeliche ubiltat heischet“* [2]).

Aller Voraussetzung nach bezweckte der Hinweis auf Frankfurt nichts anderes, als den Ulmern zu gebieten, den verschiedenen Verbrechern gegenüber die in Fr. üblichen Strafarten zur Anwendung zu bringen; vielleicht aber wünschten jene, von Fr. auch etwas über das Verfahren, das sich bei der Verhandlung und Richtung über einen Missetäter im Rat abspielt (s. hier Nürnberg) zu vernehmen. Sei dem, wie ihm wolle, man ersieht hieraus, abgesehen davon, daß die Kompetenzen der beiden Ratskollegien jedenfalls übereinstimmten, wieder mit Deutlichkeit, daß der schädliche dem untätigen M., d. h. dem Übeltäter an sich, durchaus gleichsteht. Ich erinnere hierbei nochmals an die Urk. K. Wenzels für Fr. von 1398, wornach das Haus Bommersheim der Vernichtung geweiht wurde, da es dem Reich, der Straße und den Kaufleuten mit Raub und andern *„unthetigen“* Sachen schädlich gewesen ist. Das Haus kann also durch jede Untat, z. B. Totschlag, schädlich werden, schädlich ist missetätig. Bemerkens-

nahme und Hereinlieferung sch. L. spricht, von einem Ü. noch keine Rede sein kann. Leumpriv. (1396), Lünig, ReichsA., 14, 219.

[1]) Ulm. Urkb. 2, II, 523; das rote Buch d. St. U. (Württ. Geschichtsquellen 8) 97 f.

[2]) ibid. s. auch das Frankfurter Begleitschr., rotes Buch 99.

wert scheint: Die Reichskanzlei bedient sich in diesem Erlasse, wie stets mit Vorliebe, der Bezeichnung schädlich, gebraucht aber daneben ausdrücklich „*unthetig*". Geschah dies etwa, weil schädlich in Fr. nicht üblich war und eventuell auch im Bericht desselben an den Kaiser (wie im Schreiben an Ulm) lediglich untätig auftrat?

Stellen wir endlich noch dem Ulmer Privileg von 1360 das desselben Herrschers für Rothweil (1359) gegenüber: „*ob es zue schulden queme, das ein schädlich mann, es sey ein burger oder ein auswendig mann, mit seiner missethat den todt verdient, wes sich den der rath usw. auf ihr ayde erkhennen, das derselbe darumb billig solle leiden, den sollen sie in gegenwertigkheit u. rathe unsers schuldtheissen verderben u. tödten.*" Wer die Stadt an Ausübung dieses Privilegs zu hindern sucht, der soll dieselbe Strafe erdulden, als der sch. M., der mit seiner Missetat den Tod verdiente. Es geht hieraus doch wieder unzweifelhaft hervor, daß der Rat damit nichts anderes als die Zuständigkeit über alle sch. L., d. h. Missethäter, erlangt hat[1]).

1366 erlaubt Karl IV. dem Wilhelm v. Rietheim, aus dem Dorfe Stotzingen eine Stadt zu machen und dort Stock und Galgen zu errichten „*uber schedlich lute zu richten in aller der wise, als unser lieb getrew die burger der stat zu Gyngen uber sch. l. pflichtig sein, ze richten*". d. h. eben über Verbrecher, denn eine Beschränkung auf landsch. L. i. S. Z. anzunehmen, wäre geradezu sinnlos[2]). 1434 erhalten auch die Grafen von Wirtemberg für ihr Gebiet die Befugnis, das Übersiebnen abzuschaffen und die sch. L. um ihre Schuld und Missetat durch Ratsleute aburteilen zu lassen[3]), Ch. v. Bulach erst 1510 für seine Markgrafschaft Burgau, d. h. „*die übelthatigen, verläumdeten leute ihrer mißhandlung nach mit peinlicher marter zu fragen u. auf eines jeden bekenntnis u. offenbare handlung zu richten, strafen u. büßen*"[4]).

8.

In Hinsicht auf Baiern bestätigen die Satzungen der Landfrieden, des Land- und Stadtrechts nur die Richtigkeit des früher Ausgeführten. Vor allem sind in letzteren die schädliehen Leute, wie

---

1) Lünig, Reichsarchiv 13, 606, Zallinger 5; Lünig, 14, 366.
2) Ulm. Urkb. 2, 613.
3) Wächter, Beitr. z. deutsch. Gesch. 272; Zallinger 212.
4) ibid. 275; Zallinger 202.

schon erwähnt, durchaus mit den Übeltätern an sich identisch; die schädliche Sache ist eben (LR. 31) diejenige, welche an den Leib und die Ehre geht, der sch. Mann (LR. 45) derjenige, welcher mit den Rechten verderbt wird. In der Fassung von 1338 heißt es Art. 20: „*umb schedleich läut. wenn man einen überwinden wil, daz sol man tun, als von alter gewonhait recht ist gewesen in jedem gericht.*" Im spätern LR. ist diese Satzung als selbstverständlich weggeblieben, hiegegen finden wir sie im StR. wieder, und zwar mit der Überschrift: „*wie man a i n e n (sch. M.) überwinden sol!*" [1]). Im Art. 46 untersagt man dem Richter, dem gefangenen sch. M. etwas von seinem Gut zu entziehen, andernfalls soll man „*hintz im richten als hintz einem sch. mann*". Sonst ist vom Verhaften und Verbürgen die Rede, daß man den ansässigen sch. M. festnehmen solle ohne des Herrn Schaden, auf dessen Gut er gesessen ist; über das Übersagen des sch. M. schweigt sich das LR. völlig aus [2]).

Hier kommt uns jedoch das Münchner Stadtrecht zu Hilfe. Nach Art. 247 (*umb ain sache, diu auf den tot zeucht*) kann „*swer angesprochen wirt umb ain grozz dink, daz bey dem tag geschehen ist*", einen Frieden „*auf ain recht*" erbitten, den ihm der Richter von dem, dem der Schaden geschehen, für vierzehn Tage erwirken soll. Während dieser Frist soll er sich selbdritt vor Gericht entreden und bei dessen Gelingen der Geschädigte und die ihn sonst im Verdacht hatten, seine guten Freunde werden; „*mag er sich aber also nicht bereden oder mag man in überzeugen mit siben mannen, die ez für war wizzen, daz er der getat schuldich sey, daz sol man vor seiner beredung tuon, so sol er schuldig sein*" [3]).

Der Art. 247 zählt nicht mehr zum offiziellen Münchner StR., das auch andern Städten Oberbaierns vermittelt wurde, sondern zu den sog. Anhangsartikeln, deren Zusammenstellung mehr den Charakter einer Privatarbeit besitzt und die sich speziell auf das in der Hauptstadt geltende Recht beziehen. Wir finden den Art. 247 o h n e die Übersiebnungssatzung bereits im Rudolfinum von 1294 vor, m i t derselben in einer Sammlung von Stadtrechtssätzen, welche den J. 1296—1318 entstammt. Da wir zudem aus Art. 249 erfahren, daß jenes Übersiebnen durch einen Landfriedbrief geboten ist, so kann

---

[1]) Freyberg, Samml. hist. Schr. 4, 405, 409; Rockinger, Abh. d. M. Ak. XXIV, III, 502; Auer, M. StR. Art. 72.

[2]) Freyberg, 4, 410, 408, 411.

[3]) Auer, M. StR. Art. 247.

unmöglich ein anderer, als unser Lfr. von 1300 in Frage kommen, in dem es heißt: „*swer einen schedlichen man oder einen deup für gericht bringet, der sol im die vinger in den schopf legen u. sol swern, daz er ein deup si u. so schedlich, daz man ze recht hintz iem richten sol u. süln sechs swern m i t s a m p t i e m , daz der ait war si.*"

Derselbe galt für ganz Baiern, und dessen Art. 89 heischt: „*ez sol dehein richter an dem gericht sitzen, er hab den fridprief pei iem, daeutschen mit der hertzogen insigel, oder er geb dem herrn, des richter er ist, fümf pfunt, alz oft er ez überget*". Es geriet dadurch eine tiefeinschneidende Neuerung in jene zuerst im Rudolfinum auftauchende, aber vielleicht noch weit ältere Satzung, denn das baier. Recht stand ehedem unter dem Einfluß des Schwabenspiegels, und es gilt in beiden Spiegeln noch als Prinzip, daß einem gefangenen Übeltäter, sofern er nicht auf handhafter Tat ergriffen oder durch die Acht zum übersagten Mann geworden, die Beredung, d. h. der Reinigungseid, n i c h t versagt werden darf [1]).

Mit Recht wird man nun einwenden, die Landfriedenssatzung bezieht sich ja nur auf den gefangenen sch. M., wie verhält es sich aber, wenn derselbe ungebunden und ungefangen vor Gericht erscheint und sich zur Rechtsausführung erbietet? Daß auch in diesem Fall die Vorschrift des Lfr. zu vollem Sieg gelangt, dafür ist Art. 67 des StR. besorgt: „*der in ain inzicht chömen ist, sol dreu täding nach einander vorsten. u. chümpt iemant, der chlagen wil, dem sol der richter richten, als deu ansprach ist, u. sol man im den g e p u n d e n u. g e f a n g e n antwurten u. an dem dritten täding sol man in lan gerichten, ob zu im iemant chlagt.*"

Von Interesse ist der Gegensatz zwischen Nürnberg und München. Die N. HGO. geht unzweifelhaft auf den Lfr. von 1281 zurück, da dort der Kläger die Schuld beschwört und sechs nach ihm, daß sein Eid wahr (rein und nicht mein) sei; gem. Lfr. von 1300 jedoch, wie auch nach M. StR. schwört zuerst der Kläger auf gleiche Weise, dann aber a l l e s i e b e n (sechs mitsampt iem) [2]).

---

[1]) v. d. Pfordten, Studien zu K. Ludwigs obb. Stadt u. LR. 31 ff., 42 ff.; Quell. u. Er. 6, 50, 119, 124; s. a. v. d. Pfordten, Die Beweisführung nach K. Ludw. obb. LR. (Zeitschr. f. Rgesch. XII) 363 f., wo sich jedoch noch keine richtige Deutung vorfindet; Ausnahme nach Schwsp. 225 und 234.

[2]) Quell. und Er. 5, 342; mein Nürnb. Kriminalverf. (Zeitschr. f. ges. Strafrechtsw. XII) 249 f.; Quell. und Er. 6, 119.

Die sieben Mannen des Art. 247 schwören, daß sie „*ez für war wizzen, daz er der getat schuldich sey*“; haben wir hier demgemäß nicht wirkliche Zeugen vor uns? Ich glaube, dieser Annahme widerspricht schon Art. 42 d. LR.: „*ob ain man ainen pringt ze fronvest für ainen sch. m. u. verpürgt in ze rechtvertigen, alz recht ist, u. hat die zuo dem rechten pracht, die im dez rechten helffen wellent, u. geschicht im pruch an dem rechten, er sol darumb gen dem gericht noch anders nieman nichtz schuldig sein.*“

Es liegt in der Natur der Sache, daß bei der lakonischen Fassung des Landfriedens auch die für den Kläger eintretenden Zeugen, bzw. Helfer in ihrer Qualität nicht überall völlig übereinstimmen. Der Kläger schwört, daß der Gefangene die Tat begangen, die Zeugen, daß dies, bzw. der Eid wahr sei. Sie müssen also, um sich zum Schwur berechtigt zu fühlen, auch von der Schuld selbst überzeugt sein, d. h. Wahres darüber wissen. Wie sie dieses Wissen erlangt, ob durch eigne Wahrnehmung oder auf Grund fremder Mitteilung, darauf kommt es weiter nicht an. Zumal wenn ihre Überzeugung von der Wahrheit der Schuld vornehmlich aus dem festen Vertrauen auf die Wahrhaftigkeit des Klägers hervorgegangen, unterscheidet sie sich nur wenig vom schlichten Glauben. Denn zu entscheiden, ob das, was er erfahren, auch wirklich Glauben verdient, bleibt ja schließlich allein der Gewissenhaftigkeit des Zeugen überlassen; nicht das, was und wieviel er weiß, ist das Entscheidende, sondern lediglich, daß er für die Wahrheit der Behauptung des Klägers mit seiner ganzen Persönlichkeit eintritt [1]).

Auch in der Nürnb. HGO. heißen die Helfer Zeugen; auch hier hat der Kläger zu „*bringen selbe sibende deu wort, daz er die gesprochen durch die ganzen warhait*“. Er beschwört die Schuld, die Helfer, daß der Eid „*raine u. nicht maine*“. Ebenso in Würzburg; aber wir ersehen z. B. aus dem Fall Suppan, wie schwer es selbst einem angesehenen Bürger bei offensichtlicher Schuld gelang, die erforderlichen Helfer beizuschaffen. Er bittet den Rat um Beistand, dieser vertröstet ihn auf seine vielen Freunde. In Karlstadt beschwört der Kläger, falls er der Freunde ermangelt, sechsmal die Schuld und

---

[1]) Planck, Gerichtsverf. d. d. MA. 2, 65, 69, 73, 81, 91; es heißt sieben mannen, Art. 249 zeugen. Tritt ein Kläger auf, so ist dieser mitinbegriffen (er schwört ja auch n. d. Lfr. von 1300 mit), er ist sein eigner „*getüge*“; s. Zoepfl, Rg. 189; Planck 2, 129, Anm. 3.

dann einmal, daß der Eid wahr sei. Und daß es vielfach an Helfern fehlte und daher zahlreiche Übeltäter ungerichtet entschlüpften, bildete ja schließlich den eigentlichen Anlaß zur Abschaffung des Übersiebnens [1]).

Davon also, daß die Zeugen des Art. 247 bei dem inkriminierten Vorgang gegenwärtig gewesen sein müssen, kann keine Rede sein. Auf die Helferqualität der Zeugen bei Richtung in schädlichen Sachen scheint auch der aus dem Jahre 1428 stammende Art. 514 hinzuweisen, worin wegen „*unpillicher weysung u. zeugnusse*" geklagt und geboten wird: „*daz hinfur nyeman den andern umb chain sach betzeugen sol, noch enmag, dan mit leuten, die bey denselben sachen gewesen sein u. daz gehört u. gesehen haben; darzu sollen si der artickel chain auf in haben, die unser puoch d a r u m b hatt ausgeschaiden, w a z s c h e d l i c h e r s a c h w ä r, d a m i t m a n a i n e m d e n l e i b a n g e w i n n e n m a g.*"

Man hat also scheinbar vorher nicht darauf geachtet, ob der Zeuge die in Frage stehende Tat auch sinnlich wahrgenommen hat. Und dies mit Recht, denn die Überzeugung von der Wahrheit kann ebenso auf anderem Wege gewonnen werden. Ich erinnere hier an die zahllosen Kundschaften in Grund- und andern Streitigkeiten, gemäß denen sich die berufenen Zeugen, so behufs Feststellung des vierzigjährigen Besitzes, lediglich über das, was sie von ihren Vorfahren hierüber vernommen, zu äußern haben. So ist es auch im obb. LR. mitunter besonders hervorgehoben, sofern es erforderlich, daß die Zeugen wirklich gesehen oder gehört haben. Im Augsb. StR. von 1276 wird bekanntlich der Mörder mit „*drin mannen oder mit frawen, die ez wizzent o d e r hant gesaehen, daz er daz mort hat getan*" überkommen. In Biberach sucht der Kläger, dem die Überwindung eines schädlichen Mannes obliegt, nach Helfern, denen „*die klag kunt u. gewissen ist oder gehört habend für die warheit, daß der usw. ain sch. m. gewesen ist*"; in Memmingen befragt der Stadtkläger vor der Übersiebnung die von ihm erkornen Helfer, was ihnen von den Todeskandidaten „*kund u. wissent sie oder was sy von den da gehört haben*". „*Ich sag auf mein aid, das mir war gewissen ist*" beginnt der Schwur der Salzburger Gezeugen (1366) bei der Übersagung. Noch nach dem bair. Landpot von 1516 wird jeder Zeuge lediglich ermahnt, daß er

[1]) mein Nürnb. Kriminalverf. a. a. O. 252; Zenten 2, 446; 1, 57.

„ein ganntze lautre warheit sagen wölle, als vil im wissen sei". Endlich schwört auch nach dem Tyroler Privileg Ludwigs des Brandenburgers (Mitherausgebers des oberb. LR.) von 1349 der Kläger *„daß er das wars wisse, daß er ein sch. man oder fraw lannd u. leutten usw."* [1]).

Daß aber die Zeugen des Art. 247 lediglich als Helfer in Betracht kommen, geht schon aus dem Hinweis auf den Landfriedbrief hervor, wonach ja jene nur zu beschwören haben, daß der Eid des Klägers der Wahrheit entspricht. Und durch das Übersiebnen sollte ja eine wesentliche Vereinfachung des bisherigen Verfahrens herbeigeführt werden; dieser Zweck wäre aber völlig verfehlt gewesen, hätte man an die Stelle der Schreimannen, welche sich selbst nur wenig von den Helfern unterschieden, vollwertige Zeugen gesetzt. Wie selten wäre es auch dann möglich gewesen, bei Fehlen der Handhafte den Übeltäter der verdienten Sühne zu überliefern; denn daß eine Übeltat, man denke nur an Diebstahl, vor sieben Personen in der Weise, daß diese sie sämtlich sinnlich wahrnehmen, verübt wird, kommt doch gewiß nicht häufig vor. Sei dem, wie ihm wolle, die Hauptsache ist, daß dieses Verfahren sonst die nämliche Mission erfüllt, wie das in Franken und Schwaben, und sich desselben Anwendungsgebietes erfreut, d. h. bei allen Delikten (auch Notzucht), und zwar gegen Bürger und Fremde, Platz greift.

Wie verhält es sich nun mit der handhaften Tat, ist diese völlig ihrer Bedeutung entkleidet? Nach dem M. StR. werden Dieb und Räuber bei Vorliegen der Handhafte selbdritt überwunden, weiteres ist nicht ersichtlich. Ich möchte hier indes darauf hinweisen, daß man nach dem Rechtsbuch des Ruprecht von Freising auch den handhaften Brenner, Fälscher und Sodomiten mit zweien übersagen kann; zudem liegt ein herzogl. Gebot an Hilpoltstein (1392) vor, wornach alle dem Land und Leuten sch. L. (ob man einen rauber, prenner, mörder, diep begriff an wahrer handtthat u. dem lanndt u. leuthen schedlich were) bei Ergreifung auf handhafter Tat n i c h t übersiebnet, diese also selbdritt überwunden werden sollen[2]). Der Land-

---

[1]) Auer, M. StR. Art. 514, für Landshut erteilt; LR. Art. 61; Meyer, Chr., Stadtbuch von Augsburg 85; Biberach, Zallinger 180; Memmingen, Freyberg, Samml. hist. Schr. 5, 252; Salzburg, Zallinger 123; Landrechts-Archival. 14, 37; ReichsA. M.; Hund, bayr. Stammbuch 2, 410.

[2]) Freyberg a. a. O. 415; Auer, M. StR. Art. 75, 79; Hilpoltstein, Tom. priv. 9, 45, ReichsA. M. und Siegert, Gesch. d. Hschft. Hilpoltstein 170, sowie die entspr.

friede von 1300, 66 verlangt bei der doch unter dem Gesichtspunkt der handhaften oder wenigstens notorischen Tat stehenden Notzucht zwei oder drei, die das Geschrei gehört (s. Österreich; nach oberb. LR. wird der gefangene Notzüchter übersiebnet). Sollten sich hieraus etwa allgemeine Schlüsse für das Gebiet des LR. ziehen lassen? Jedenfalls bildet, sofern der Handhafte noch Bedeutung beigemessen werden soll, die Wahrmachung derselben selbstdritt die Regel (s. Österreich, Schwaben); leichter fällt es auch, bei von Stadt und Land wegen, d. h. ex officio zu richtenden sch. L. (s. Hilpoltstein) zwei statt sechs Helfer aufzutreiben. In letztangezogenem Fall darf man also vermuten, daß, sofern ein Privatkläger auftritt, diese Erleichterung nicht Platz greift, sondern vielmehr auch dann übersiebnet werden muß. Ferner sei hier auch noch an die Bestätigung des Mordes, bzw. Todes des vor Gericht gebrachten sch. M., durch zwei Schöpfen (Gerichtszeugnis) in der Würzburger MordachtO. wie in der Nürnberger HGO. von 1481 (ähnlich in Bamberg) erinnert. Daß in dem M. StR. lediglich die Handhafte des Diebes wie des Räubers erwähnt wird und nicht, wie z. B. im Bamberger StR., auch die der übrigen Missetäter, ist nicht auffällig; es geschieht dies deshalb, weil eben bei jenen allein eine Schätzung vorgenommen werden muß, um zu ersehen, ob wirklich eine todeswürdige Tat in Betracht kommt.

Schließlich kann ich es mir nicht versagen, darauf hinzuweisen, daß das Privileg der Stadt Lindau von 1331 — und dies dürfte nicht minder für die Deutung des letztern wichtig sein — ja von ebendemselben Fürsten, d. h. Ludwig dem Baiern verliehen ist: „*dass sie halten die recht, die künig Albrecht setzt zu Nürnberg, da nach dem landfried, also dass sy mugend mann oder weib, die in ihr gericht gefangen werdent oder darein geantwurtet werden umb schuld, die bey ihn funden würt oder nit*“ — übersiebnen. Bei rechter Schuld und wahrem Schub genügen hier zwei ehrbare Helfer.

Auf die Landfriedenssatzung bezieht sich auch der instruktive Leumundsbrief (freyheit, daz man chainen ubeltäter übersiben sol) von 1368 für Richter und Rat in Ingolstadt: „*daz sie nach allen schedlichen läwten u. verlewnten läwten, si sein in der stat oder auf dem lannd u. nach allen den, die si äzent oder trenkent u. hilff, stewer oder*

Stellen bei Westenrieder, Beiträge 7, 71 (Räuber), 79 (Dieb), 132 (Sodomit), 133 (Brenner), 140 (Fälscher).

rat tunt, swez halt si dienner oder aigen sein u. hinder wem oder an welchen stetten si gesezzen sein, wol greiffen u. die vahen mügent u. in iren rat füren u. unsern richter zu in nemen u. in welher inzicht u. schedelicher sach er begriffen u. fur sy chumen ist, daz si darumb in irem rat fragen mügen u. ainen freyen mann zuesprechen, welich pen oder welhen tod er verdient hab, w a n n m a n a l l z e i t n i c h t s i b e n g e h a b e n m a g , die uber ainen schedlichen man sweren." Man erkennt hier wieder den deutlichen Unterschied zwischen den schädlichen und lediglich verleumdeten Leuten. Erstere sind die wirklichen Missetäter, die eine schädliche Sache „*auf ihnen haben*", d. h. einen offensichtlichen Schaden gestiftet haben. Aus der Überschrift geht sodann hervor, daß — gemäß Lfr. von 1300 — j e d e r Übeltäter übersiebnet wurde und zudem auch wieder die richtige Deutung des Münchner StR. verbürgt ist. Es sei hier noch bemerkt, daß der Art. 247 in der Fassung der StRB. wie der Art. 249 als Anhangsartikel des StR. nicht in den auf Ingolstadt lautenden Handschriften vorkommen, es kann sich also hier nur um die Landfriedensbestimmung handeln [1]).

Hierher gehört auch das bekannte L a n d s h u t e r Privileg von 1316: „*das sy wol gewalt habent, ze richten über einen y e g l i c h e n schedeleich man, das der richter oder der kleger dem schedlichen mane die vinger in den schopf sol legen u. sol sweren, das der man land u. läuthen so schedlich sey, das man durch recht über in richten sol u. süllen sechs nach im geen, die swern, das der aid war sei*" [2]).

Der Schluß weist direkt auf den Lfr. von 1300 hin, während das „*dem lande schädlich*" dort, wie im Lfr. von 1281 noch nicht vorkommt. Aber zielten die Privilegien hauptsächlich darauf ab, auch den unbeklagten Missetätern den Garaus zu machen, so war es wohl begreiflich, daß dies auch in den einschlägigen Satzungen zum Ausdruck gelangte, wie ja auch das Nürnberger Formular, da eben doch der Stadtkläger nicht den i h m sch. M. ansprechen konnte, zwischen dem dem Kläger und dem Lande, bzw. der Stadt sch. M. unterschied [3]).

1408 klagt Herzog Stefan über die vielen schädlichen Leute im Gebirge „*die niht anclager habend*". 1438 verleiht Pfalzgraf Johann der Stadt C h a m in Anbetracht der täglich sich zutragenden Missetaten, Räubereien und Diebereien die Freiheit, daß, wenn ein schäd-

[1]) Tom. privil. 9, 6; 4, 110 b, ReichsA. M.; v. d. Pfordten, Studien 242.

[2]) Kalcher, hist. Ver. v. Niederb., 21,6. Zallinger 148.

[3]) m. Nürnb. Kriminalverf. a. a. O., 251; Zenten 2, 467.

licher Mann allda oder im Gerichtsbezirk ergriffen werden sollte, dessen Verschuldung sich so schwer erwiese, daß er das Leben verwirkt habe (!) und der vor zweien oder mehreren Schöffen des Rats die Tat bekennt, durch Richter und Schöffen verurteilt werden solle [1]).

Wir kehren nunmehr wieder zu den „besonderen großen Rechten der Stadt zu München“, d. h. zu dem Art. 249 des StR. zurück. Nachdem dieser nochmals auf das Übersiebnen des Art. 247 „*nach dem lantfridbrief*“ Bezug genommen, heißt es weiter: „*auf ainen offnen, rauber oder auf ainen vermaerten übeltäter mügen siben man swern, daz sie wol vernomen haben an den steten, da die leut zu ainander chöment, daz er dem land als schedleich sey, daz man durch recht dem land über in richten sol; wan sogetan leut werden offt gevangen, daz man sie an der hantgetat nicht begreifft u. daz man auf sie nicht ze schieben hat.*“ Während sich der letzte Absatz unzweifelhaft auf die beiden Arten des Übersiebnens bezieht, denn beim gewöhnlichen Übersagen mit sieben Mannen (Art. 247) bedarf es ebensowenig der Handhafte, bzw. des „Schiebens“, haben wir in jener Satzung ein Leumundsverfahren vor uns, das an Rigorosität das der Leumundsbriefe weit übertrifft. Hier entscheidet der Rat nach gewissenhafter Prüfung des Tatbestandes (auf seinen eid), dort genügt es, daß sieben beschwören, daß sie z. B. auf dem Markt oder in einem Gasthaus vor oder nach der Gefangennahme des Verdächtigten von seiner Schädlichkeit Kenntnis erlangten. Allerdings haben wir es mit einem vermaerten, d. h. notorischen Übeltäter zu tun, der gleichsam „*mit der land gewissen*“ als solcher besagt ist. Die Übersagenden besitzen ebenfalls nur Helferqualität; ein Kläger tritt hier anscheinend nicht auf, es wird hier von vornherein dem Lande gerichtet [2]).

---

[1]) Tom. priv. 9, 108 [b], ReichsA. M., Gengler, Cod. mun, Cham 24.

[2]) Auer M. StR. 249. Eine andere Deutung ist nicht möglich. Es heißt zuerst: swen man überzeugen mag mit siben zeugen, die ez warz wizzent, daz er schuldich ist, des beredung usw. sol man nicht nemen nach dem l a n t f r i d b r i e f , d. h. eben j e d e m , den man zu übersiebnen vermag, ist der Reinigungseid abgeschnitten, was durchaus dem Art. 247 entspricht. Und nun ist in zweiter Linie des Falles gedacht, wo lediglich auf bösen Leumund bezw. Notorietät hin gerichtet wird. Auch Zallinger trennt in gleicher Weise, doch nimmt er ersternfalls merkwürdigerweise das Vorliegen einer Handhafte an. In m. Zenten 2, 478 vermutete ich in Art. 247 u. 249 noch vollgültige Zeugen, was hiermit berichtigt sei. Der Lfr. 1300 verlangt eben nur Helfer. Das Schieben, laudatio auctoris, Beisp. bei Westenrieder, Beiträge 7, 71 f.

Jene Satzung steht in striktem Gegensatz zu der des Landfriedens, in dem ein gewöhnlicher Dieb oder sonstiger schädlicher Mann auftritt, der Kläger dessen Schuld (Nürnb. und Würzb. HGO.) beschwört und dann mit den Zeugen, die Wahres wissen, die Wahrheit des Eides bekräftigt. Jenes Verfahren erfreute sich außerhalb Münchens keiner Beliebtheit; der Art. 249 findet sich nachweisbar n i c h t in den Handschriften des StR. vor, welche bei Verleihung desselben an Ingolstadt und andere oberbaierische Städte diesen übermittelt worden sind [1]).

Immerhin stoßen wir in R e g e n s b u r g, wo der Dieb mit sechs Wirten (Bürgern), sowie bei Meineid und falschem Zeugnis übersiebnet wird, auf einen ähnlichen Brauch. Herr Lienhart, der Kläger, bittet nämlich um ein Urteil über einen, von dem „*im wars wissen ist, daz der i n d e m l e w n t e n h e r c h o m e n i s t, daz er dem land u. der straß u. der stadt ein schedlich man ist, dez hat h. L. guten zewkch*". Er wird hierauf aufgefordert, „*das zu erzeugen mit siben, der jeglicher daz reht darnach tu mit seinem aid, daz in daz wars wissent ist, daz p. in der lewnten herchomen sei usw.*" Der erste „*zewg*" sagt infolgedessen seinen Spruch, sich der nämlichen Worte bedienend, worauf alle sieben beschwören, daß sie die „*sag von dheiner besundern veintschaft usw. getan haben*". Im übrigen unterliegt es keinem Zweifel, daß wir in diesem Leumundsprozeß ein von unserm Übersiebnen durchaus verschiednes Verfahren vor uns haben [2]).

Werfen wir noch einen Blick auf die baier. Landfrieden, so treten hier naturgemäß die Räuber, Brenner, Mörder und Diebe in den Vordergrund. Immerhin handelt es sich hier lediglich um Beispiele; man prüfe z. B. die VO. von 1361: „*sch. leute, ez sein dieb, mörder, prenner, straßrauber oder wie di genant möchten sein*" oder 1369: „*rauber, morder, prenner, deub oder valscher u. all schedleich leut, wi di genant sind* [3]).

Mit Evidenz bezeugt sodann das Rechtsbuch Ruprechts von Freising, daß in ihm die schädlichen Leute eben Übeltäter an sich bedeuten. „*Der schedlich leut für gericht pringt*" lautet der Titel des Kap. 100 (II.) „*was man d e u b o d e r s c h e d l i c h l e u t* für gericht

[1]) v. d. Pfordten, Studien 242, 63, 339 f., bei Hilpoltstein das StR.buch überhaupt nicht erwähnt, ibid. 261.

[2]) Freyberg, Samml. hist. Schr. 5, 47, 75, 68, 56; Zenten 2, 479.

[3]) Zallinger 191; Quell. und Er. 6, 507.

pringt mit der hantschaft", so soll man diese beschauen „*man sol den schepfen der letzten urtail fragen über den menschen, welichen tod er verdient hab nach dem rechten*". Der Richter „*sol frey sein u. den pan haben von dem fürsten, wann kain aigen mensch mag uber ainen p l u e t i g e n die letzt urtail geben. und ist das ein ansäß an ainer untat begriffen wirt, di im an seinen leib get*", so soll man ihm „*kain andern tod tun, dann prennen. das macht der lufft, der von im get, der ist schedlich*", weil eben auch er lediglich ein schädlicher Mann ist [1]). Und derartige Bestimmungen über Richten von Übeltätern finden sich im Rechtsbuch nicht weiter vor.

Wie unzweifelhaft spricht endlich das bekannte Privileg K. Ludwigs von 1330 für uns, worin dieser Tegernsee und elf andern Klöstern des obern Vizedomamtes zu Baiern die gesamte Gerichtsbarkeit über Leute und Gut verleiht. Über diese soll der Prälaten Richter richten „*an umb drein sache, die ze dot ziehent, daß ist teuff, notnunfft u. todschläge*" (seit 1311 zählt übrigens auch Raub dazu), welche sich der Fürst vorbehält. Und wer, heißt es sodann, „*bezigen wirdt für einen schedlichen man, damit er den dot verdient* (der sich eben mit einer der drei Sachen vergangen), *den soll u. mag unser lantrichter vodern an der prelaten ambtman, under dem er gesessen ist. u. sol eben derselb ambtman unserm lantrichter den man antwurtten, as in die gürtel begriffen hat, u. soll das gut dem closter beleiben*". Ich glaube, ein besserer Beleg — der sch. M. ist zudem ein Hintersasse des Klosters — vermöchte kaum für unsere Ansicht ins Treffen geführt zu werden. Man vergleiche hiemit das früher angeführte Privileg für Raitenhaslach von 1317: „*umb a l l e s a c h e , w a n s w a z h i n t z d e m t o d e g e t , da sol der richter den s c h e d e l i c h e n m a n nemen, wan als er mit der gürtel umbvangen ist.*"

1474 erläßt Herzog Ludwig ein Mandat in Hinsicht auf die Tortur und Richtung der Übeltäter: „*als wir auch bericht sind, das auf rechtfertigung der schedlichen leut etwoviel swär u. unnutz kostung u. zerung gescheen, solhs zu vermeyden, so wellen wir zuerst, das unnser pfleger u. richter nymands kainen sch. m. zu rechtfertigen nötten. so aber ainer ainen sch. m. rechtfertigen wollt, so sol er dem ambtman von atzung wegen des sch. m., den er rechtfertigen wollt, die wochen drey schilling usw. zu geben schuldig sein.*" 1508 treffen wir ähnliche Bestimmungen,

---

[1]) Maurer, K., D. Stadt- u. LRbuch Rupr. v. Freising 352.

die sch. L. treten hier nur als Übeltäter auf. 1504 erhalten die Aichacher die Weisung: „*das es mit rechtfertigung der sch. l., so zum tod durch ainen richter verurtailt, nach laut des lanndpuchs gehallten*" werde.

1516 anläßlich der Reformation des Landbuchs (LR.) zu Erding ist bestimmt: „*das der richter die urtail u b e r d a s p l u t selbs vellen sol: es sol auch hinfur der richter einen schedlichen man, der den tod verschult hat, umb was sach das wär, zu dem tod selb verurteiln u. darnach dem freien man zusprechen, wie man uber in richten soll.*" (Also kein Übersiebnen mehr; das „*dem freien man zusprechen*" erinnert an das Ingolstädter Privileg.) Sodann ist die Rede „*von vahen u. verpurgen uber schedlich lewt: welher richter oder ambtman y e m a n d gefencklich annymbt usw.*" [1]).

Noch zwei beachtenswerte Beispiele: 1331 erwirken die Aschauer die Befugnis auf ihrer Schranne zu Hirnsberg „*uber schedlich läut ze richten, also ob daz wer, daz si von veintschaft, unfride oder von chrieg, der von uns oder von in aufstünd, auf der schrannen ze Briennn* (Prien), *da si durch recht richten solten, daruber nicht ze richten möhten*" [2]). 1347/48 wird den von Abensberg Halsgericht mit Stock und Galgen nebst dem Bann über schädliche Personen verliehen: „*das sy oder ir ambtläut von iren wegen fürbaz über all schedlich laiute, die den leib verworcht hand, richten sullen*" (*nach dez landes reht ze Bayrn*). Also auch hier die sch. L. lediglich Übeltäter; denn wenig Wert hätte es für die Beliehenen gehabt, wenn sie nur wegen landschädlicher Leute das Halsgericht errichtet hätten. Aber hier leistet uns zudem noch

[1]) Mon. B. 1, 431, Nr. 89; Raub, Lerchenfeld, Freiheitsbriefe 1 (1311); die drey gerichte, die zu dem tode ziehent, teuf, todsleg, notnunft, strassraub, Fürstenselekt, Fasz. 152, ReichsA. M.; todslach, notnunft u. deuf u. nemlich deufe, domit man daz leben verworcht (Illmünster), Ludwigselekt 45, ReichsA.; tewff, notnufft, todschlag oder an der warn handtgetat (Rain), Gengler, Cod. mun. 366; umb alle sache, wan swaz hintz dem tode get, da schol der richter den schedl. man nemen (Raitenhaslach), Mon. B. 3, 203 Nr. 100 (1317); die gericht, die zu dem tod gehörnt, totsleg, notnunfft u. dieff u. was ander sach an das leben gend (Thierhaupten) Tom. privil. 4, 277, ReichsA.; s. a. Tom. pr. 9, 36 ; drei ding, das den tod berührt: todt u. manschlächt, diebstahl, notzwang u. wass wider die notur unmenschlich ist (Sodomie); fünf: Heimsuchung, Diebstahl, Notnunft, Friedbruch, Totschlag, Öst. Wst. 7, 446; 2, 100; Totschlag ist jede Tötung, also auch Mord, s. a. Rosenthal, Gesch. d. Gerichtswesens usw. Baierns 1, 157 f., Osenbrüggen, StrafR. in K. Ludw. LR. (Krit. Vierteljahrschr. f. Gesetzgeb. u. Rechtsw. 8), 133; Landrechts-Archival. 9, ReichsA. M.; Tom. privil. 12, 75 b., RA. M.; LR. Archival. 14, 8, RA. M.

[2]) Ludwigselekt. Nr. 489½, ReichsA. M.

ein Dokument Beistand! 1366 übertragen die v. A. diese Befugnis ihren Bürgern: „*uber alles zu rihten, ausgenamen drey sachen, das sind todschlag, notnufft u. dewf u. dieselben drey sachen sollen wir u. unser ambtlewt dannoch richten nach irem rat*“ [1]). Es sei hier wieder nebenbei bemerkt, daß gerade Totschläger und Notzüchter nach Z. nicht zu den landschädlichen Leuten zählen.

9.

In Hinsicht auf die österreichischen Quellen — die Landfrage, das Geräune wie das schädliche Haus des öst. LR. wurden früher behandelt — vermag ich auch sonst den Ansichten Z.s nur wenig zuzustimmen. Was Tyrol anlangt, so kommt hier lediglich das bekannte Privileg von 1312 in Betracht, nach welchem jeder schädliche Mann übersiebnet wird [2]). Daß nun derselbe lediglich als Übeltäter aufzufassen, geht aus dem wichtigen Privileg Karls IV. für Bruneck (1371) deutlich hervor. Gemäß diesem wird dem Bischof von Brixen, dem Burggrafen, Pflegern und Burgern daselbst die Gnade erteilt, daß sie „*fürbasser allen leuten, die bey in schaden tunt u. vertailent werdent, selber tun sollen oder schaffen ze tun den tod oder die pene, die über sie ertailet wird, u. auch darzu einen nachrichter haben mügen*“, weswegen ihnen auch gestattet wird, „*auzzerhalb der veste ze P. einen galgen aufzerichten, damit sie umb sollich schedliche leute, die daran gehören, das recht volfüren*“; denn der Kaiser ist des Willens „*das umb alle sachen, die daselbs ze P. yemanne an seinen leib oder an seine glieder gent, das recht vollefüret u. geendet werde bey derselben (galgen) statt ze P. in namen des richters u. der purgere, die danne uber soliche schedliche leute gerichtet u. ertailet habent, ohne alle geverde u. das sie darumbe fürbazzer niemmermere soliche vertailte leute dem grafen v. Görz noch seinen amtleuten antworten bedurfen*“ [3]).

---

[1]) Quell. und Er. 6, 405; Gengler, Cod. mun. 959; Mon. B. 16, 174 (Rohr): also das sy oder ir ambtläut fürbaz über all schedl. laiute, die den leib verworcht hand, richten sullen.

[2]) Zallinger 149; i. d. Bestätigung durch Ludwig den Brandenburger, 1349, Hund, bair. Stammbuch 2, 410.

[3]) Gengler, Cod. mun. 427. Brixen: „*von den schedlichen leuten. waz sch. l. in dem gericht gevangen wirt, die den leib verwircht habent, ez sei mort oder diebe, prant*

Daß hier die schädlichen verteilten Leute nichts anderes als gewöhnliche Verbrecher sein können, bedarf wohl keiner weiteren Erläuterung. Nichts steht ferner im Wege, den sch. L. im Salzburger Privileg von 1366 den nämlichen Charakter beizulegen [1]). Auf die bedeutsame Quelle der öst. Weistümer, welche an der Hand zahlreicher Beispiele die Bedeutung des Ausdrucks schädlich durchaus in unserem Sinne offenbaren, komme ich nächstdem zurück.

In Art. 7 des öst. LR. von 1236/37 heißt es, daß eine Frau mit zwei unversprochenen Zeugen (Mann und Frau), die den Vorgang mit angesehen oder das Geschrei gehört haben, die Notnunft erweisen kann. „*ist aber, daz er die notnuft gepüzzet vor dem richter, in des gericht es geschehen ist, mag er das pringen mit dem richter, vor dem es geschehen ist, oder mit pidern leuten, die dabei gewesen sind, des sol er fürbas wol geniessen an seinem recht. u. wer auch die notnuft gepüzzet, das ensol im fürbas gen dem gericht noch an seinen eren dhain schad sein*“. Art. 8: „*wer (aber) ain strasraub oder ain mort oder ain diep gepüzzet vor gericht, oder da ainer mit siben wirt übersagt; wen man des mit zwain unversprochen mannen überczeugen mag, da sol man über richten nach lanndes gewonhait*“ [2]).

Wie sind diese beiden Satzungen zu deuten? Z. schließt daraus, daß Räuber, Mörder und Diebe, und zwar lediglich diese, übersiebnet werden und glaubt damit abermals einen bedeutsamen Stützpunkt für seine Theorie ausfindig gemacht zu haben. Treten wir jenen jedoch näher, so geht eben daraus nichts anderes hervor, als daß der Notzüchter, wenn er sich mit der Geschädigten, welche ihn mit zwei Zeugen hätte überwinden können, vor dem Gericht des Tatortes abgefunden, bzw. Buße erlegt hat und dies mit dem Richter oder Biederleuten beweist, vor jeder weitern Verfolgung und Ehrenschädigung gefeit sein soll. Hat aber einer die Folgen eines Verbrechens, bei dem man mit sieben übersagt, auf diese Weise abzuwenden gesucht und wird dessen mit zwei Zeugen überwiesen, so richtet man über ihn ohne Rücksicht darauf „*daz er gepüzzet vor dem richter, in des gericht es geschehen ist*“. Diese Vorschrift spricht dem-

---

oder notzogen oder strazrauber oder wie sie den leib verworcht habent, daz sol allez ain statrichter richten“, Öst. Wst. 5, 385.

[1]) Zallinger 181 f.

[2]) Hasenöhrl, ÖLR. 239 f.

nach das strikte Gebot aus, daß in allen Übersiebnungsfällen das strenge Recht seinen Lauf haben und ihm niemand durch eine derartige Sühne, d. h. Abfindung des Richters und Geschädigten, entschlüpfen soll.

In welchen Fällen wird nun mit sieben übersagt und sind diese als Helfer oder Zeugen zu betrachten? Ich möchte hier zuerst einen Einblick in das um ein Säkulum jüngere benachbarte steirische Landrecht eröffnen. Nach diesem aber wird bei jedem todeswürdigen Delikt, auch bei Totschlag und Notzucht, übersiebnet. Zugleich charakterisiert sich der in ihm auftretende schädliche Mensch — ein anderer analoger Ausdruck kommt zudem nicht vor — unzweifelhaft als Übeltäter [1]).

Man wird über dieses Übersiebnen freilich erst auf einem Umweg informiert, nämlich durch Bestimmungen, welche festsetzen, auf welche Weise die Vernehmung der Zeugen für den Fall, daß zwei Richter kompetent sind, von denen sich nur einer des Blutbanns erfreut, stattfinden soll. Ich führe diese sämtlich vor, um so mehr, als sie von Hasenöhrl infolge Beeinflussung durch Z.s Theorie durchaus mißverstanden worden sind:

Art. 118 StLR.: „Uber menschen plut (!): *Ez habent oft die herren aigen gut, da ir richter uber ain schedleichen menschen die fünf hören u. der den pann hat nur die zwen. dennoch mugen die richter, die die funf hörnt, nicht gerichten uber menschen plut.* — Urk. von 1334: *an den tod allain. geschach aber ein sach, di an den tod gieng, so schullen si uber dazselb schedleich mennisch horen di fumf u. darnach si ez antwurten unserm lantrichter ab dem guet.* — Urk. von 1439: *das ir richter oder anwalt auf iren grunten soliche lewt, die den tod verdient haben, mit funf zewgen ubervarn sollen u. mögen u. mit zwen zewgen sollen si denselben, als er mit gurtl umbvangen ist, in das landgericht antworten.* — Oberwelz (Freisingisches Gut) 1337: *ob ein schedleich man in der stat gevangen wirt auf daz leben, da siben übersagen schüllen, da sol meines herrn von Freising statrichter die fümf hören in der stat u. herrn Rudolf* (v. Liechtenstein) *lantrichter die zwei in derselben stat. damit sol man den schedleichen man füren da er hin gehört.* — StR. von Pettau: *so man ain schedlichen menschen in der stat uberwinden wil, der nicht handhaft hat, daz sol gescheen mit*

---

[1]) Bischoff, StLR. 126 f.

siben, derselben hort der stat richter fumf u. darnach der lantrichter die zwen" [1]).

Noch sei bemerkt, daß nach StLR. bei Vorliegen der Handhafte zwei Zeugen genügen; so auch im Pettauer StR.: „*hat derselb mensch hanthaft, so schol ez geschehen mit zwain, derselben hort der richter den ain u. der lantrichter den andern*". Die Zeugen werden von den Richtern „gehört", ferner sagt Art. 235 StLR.: „*umb welch sach man die lewt tötten wil, um erber oder unerber, wie ez der vorsprech da let* (darlegt) *die schuld, die der mensch getan hat, also schullen ez die zeugen sagen. sagencz ains worts wegen* (weniger), *so sind sie nicht gestanden*" [2]).

Prüfen wir nun die bekannte gleichzeitige Satzung des Kärntner LR.: „*swa ouch ein notzog geschiecht, mag man den war gemachten mit zwain — wiert ein strazrouber (morder, valscher, dieb) begriffen mit der handhaft, dem mag man mit zwain den hals an behaben, begreiffet man in aber an die handhaft, so muez man in mit siben ubersagen*" — so finden wir, daß jenes vollständig mit dem StLR. harmoniert, zumal da man vermuten darf, daß auch hier der Totschläger analog dem Mörder behandelt wird [3]).

Blicken wir sodann auf das viel ältere öst. LR. zurück, bei dem das Kärtner und das steirische LR. zweifellos zu Haupte gegangen sind, so darf man rückschließend als sicher annehmen, daß auch im Gebiet des letzteren bei allen schweren Verbrechen (so auch Meineid und falschem Zeugnis) abgesehen von Notzucht mit sieben übersagt wurde [4]). Die Deutung des Art. 8 ergibt sich damit von selbst.

Anlangend andere Übersiebnungsfälle, so werden in Wien nach StR. 1221 der Totschläger, Notzüchter und falsche Zeuge übersiebnet. Bei Totschlag ist zu erweisen, daß der Täter nicht in Notwehr gehandelt: septem viris honestis credibilibus, qui dixerint, eum homicidium perpetrasse vim vi non repellendi. Bei Notzucht (nach Art. 7 LR. genügen zwei Z.) „muß sich der Frevler der Feuerprobe (ferri igniti) unterwerfen, sofern die Überfallene durch zwei

---

[1]) ibid. 127, Öst. Wst. 6, 244, Anm.; hier sodann auch die Dingpflicht der Freisinger erwähnt, sofern der Landrichter über einen schädl. M. richten will; Hasenöhrl, Wien. Ak. 113, 729.

[2]) ibid. 735; Bischoff, StLR. Art. 238, 239, 230, 235; s. a. Löning, Reinigungseid 207.

[3]) Zallinger 175.

[4]) Hasenöhrl, ÖLR. 262, 239.

Zeugen ihr Schreien dargetan hat; zur Reinigung wird er indes gar nicht zugelassen, wenn sie ihn innerhalb vierzehn Tagen testimonio septem credibilium virorum zu überwinden vermag. Ebenso übersagt man den falschen Zeugen cum septem honestis et credibilibus [1]). In Enns findet sich bei Notzucht das nämliche Verfahren; nicht minder in Brünn bei dieser wie bei falschem Zeugnis. Nach ÖLR. Art. 69 vermag man denjenigen, der früher meineidig abermals als Zeuge aufzutreten sich vermißt, mit sieben unversprochenen Mannen zu „*widertreiben*“ [2]).

Schreiten wir weiter, so übersiebnet man in Iglau einen Räuber für den Fall, daß keine Urgicht zu erlangen, den Brandstifter, den Münzer, der falsches Geld verausgabt hat, den Frauenräuber und Ehebrecher. Nach Prager StatutarR. von 1331 den Mörder (bei Vorliegen der Handhafte mit 2 Z.), Totschläger und Notzüchter (nach Altprager R. von 1269 noch mit „*wiben u. mannen, die das geschrei gehort*“); bei heimlichem Totschlag reinigt sich der Bezichtigte mit neun [3]). In Leobschütz bei Friedbruch, Heimsuchung (Nachbarn) und Diebstahl (bei Vorliegen der Handhafte selbdritt). Nach der Willkür von 1318 kann sich die des Totschlags bezichtigte Frau selbstsiebent reinigen „*wo ze nicht mit wiszelicher tat wurde vor gericht bracht*“ [4]).

Mögen jene Beispiele auch nicht alle völlig stichhaltig sein, so steht doch die Überzeugung in mir fest, daß wenigstens in den Territorien der drei Landrechte in dieser Frage einem einheitlichen System gehuldigt wurde.

Und nun welche Übereinstimmung zwischen bairischem und österreichischem, ja zum Teil auch schwäbischem Recht: zwei Zeugen bzw. Helfer bei Vorliegen der Handhafte (was freilich für Baiern nicht bei allen Delikten nachweisbar), außerdem Übersagung durch sieben! In Hinsicht auf die Helferqualität der öst. Zeugen gilt das über die Münchner Zeugen Gesagte. Auch hier wählt man wohl nur solche aus, welche Wahres wissen; aber daß sie auch bei der Tat gegenwärtig waren, wird keinesfalls beansprucht.

---

[1]) Tomaschek, Rechte u. Freih. d. St. Wien 8; Löning, Reinigungseid 195.

[2]) Löning, Reinigungseid 195; Rößler, Deutsche Rechtsdenkm. 2, 342 f.; Hasenöhrl, ÖLR. 262.

[3]) Tomaschek, Deutsches Recht in Österreich 150, 266.

[4]) ibid. 78; Löning, Reinigungseid 223.

Fragen wir, auf welche Weise sich das Verfahren gegen schädliche Leute nach StLR. abspielt, so „*hört*" der Landrichter, sofern nicht die Mitwirkung eines grundherrlichen Richters in Betracht kommt, die Zeugen allein. Sie schwören zuerst und „*sagen*" dann die Schuld, wie es der Vorsprech darlegt; „*sagencz ains worts myn* (weniger), *so sind si nicht gestanden*". Dabei besteht die Vorschrift, daß die Zeugen Hausgenossen, d. h. commarchani des Beschuldigten sein müssen. Jeder gef. schädliche Mann (umb welherlay posshait er gevangen) hat „*drey sprach u. nicht mer*". Dem (umb ain poshait) ohne Handhafte gef. Edelmann muß man zuerst mit zwei seiner Genossen die Ehre nehmen [1]).

Greift die Kompetenz des Richters eines Eigenherrn ein, wie in Oberwelz der bisch.-freisingische Stadtrichter, so hört dieser fünf, der Landrichter zwei in der Stadt: „*damit sol man den sch. m. füren, da er hin gehört*". Und zwar erteilt diesfalls der Bannrichter allein den Eid. Nach jener Überwindung gilt der sch. M. als übersagt (ein Ausdruck, welcher auf ein Übersiebnen durch Helfer hindeutet): „*so der statrichter dem richter ain ubersagten menschen zu seinen hanten aus dem statgericht antwurten wil, daz sol geschehen enhalb des grabens*". Gemäß Urk. von 1439 „überführt" der Klosterrichter mit fünf und „*mit zween sullen si denselben in das lantgericht antwurten*", da eben der Landrichter auf den Klostergründen nicht amtieren darf.

Liegt eine Handhafte vor, so wird sie mit zweien bestätigt: „*hat derselb mensch handhaft, so sol ez geschehen mit zwain, derselben hort der statrichter den ain u. der lantrichter den andern; wann man ain mort oder ze todslecht u. ist daz plutig gewant da, daz ist die handhaft, so bedarf man nur zwen auf die handhaft*" [2]).

Mögen jene wie die Münchner Zeugen von denen der Nürnberger und Würzburger O. in mancher Hinsicht verschieden sein, so scheint doch auch bei ersteren die strikte Vorschrift, daß man den gefangenen schädlichen Mann übersiebnen oder mit sieben übersagen, d. h. eben der Richter auf jede mögliche Weise die

---

[1]) Bischoff, StLR. Art. 235, 3, 94, 179, 224.

[2]) ibid. Art. 118, Anm.; Öst. Wst. 6, 244 Anm.; Wien. Ak. 113, 729, 735. In Traismauer (Salzburg) soll man mit zwain uber in sagen und damit dem landrichter antwurten auf das landgericht u. daselbs mit dem dritten uber in sagen u. man sol dem landrichter die hanthaft leichen, damit er in überwind, aber er sol die handhaft herwider geben, Öst. Wst. 1, 339.

nötige Zahl aufbringen soll, doch mehr auf Helfer, als auf Zeugen hinzuweisen. So ist auch Hasenöhrl der Ansicht, daß das Übersiebnen der öst. LR. durch schlichte Helfer erfolgt. In den sieben ist, sofern überhaupt ein Kläger auftritt, dieser natürlich als sein eigner „*getüge*“ mit inbegriffen [1]).

Es sei hier übrigens noch eine eigentümliche Kombination von Zeugen und Helfern erwähnt, die sich in einigen Bezirken, so z. B. in Iglau, vorfindet. Dort reinigt sich nämlich der des Totschlags Bezichtigte selbstsiebent in der Weise, daß er selbst seine Unschuld beschwört, drei, daß sie diese gesehen, und endlich drei, daß die andern vier recht geschworen haben — eine Singularität, welche den drei Landrechten fremd ist [2]).

Sei dem, wie ihm wolle: wir haben hier wieder ein Übersiebnen vor uns, das lediglich eine Vereinfachung des alten, schwerfälligen Verfahrens bedeutet. Man bedarf zur Überwindung des auf wahrer Tat Gefangenen nicht mehr der sechs Schreimannen, sondern es genügt, wie in Memmingen und München, die Bestätigung oder Wahrmachung durch zwei (selbdritt). Gegen den sonst gefangenen Übeltäter treten, wie überall, sieben, bzw. der Kläger mit sechs Mannen auf. Auf den größeren oder geringeren Grad des Wissens derselben kommt es hierbei, wie gesagt, nicht an; keineswegs handelt es sich um vollwertige, bei dem Vorgang anwesende Zeugen, denn da nur höchst selten ein Verbrechen vor den Augen so vieler verübt wird, so würde dann auch die Überwindung eines Verbrechers zu den Seltenheiten zählen.

Diese Übersiebnung war nun im Osten viel früher heimisch; sollte Rudolf v. Habsburg, da er den Landfrieden von 1281 erließ, etwa selbst der Veranlasser gewesen sein, daß jener Brauch dem Westen vermittelt wurde? Es sei hier jedoch ausdrücklich darauf hingewiesen, daß nach ÖLR. die Befugnis des Richters in allen Fällen ex officio einzuschreiten, noch keineswegs verbürgt erscheint. Endlich besteht kein Zweifel mehr, daß die schädlichen Leute in Österreich denen in Franken, Schwaben und Baiern durchaus gleichstehen.

Hiermit scheint das räumliche Anwendungsgebiet des Übersiebnens sch. L. so ziemlich festgestellt, nur an wenig Orten finden

---

[1]) Hasenöhrl ÖLR. 221 ff.; s. Anm. 89.

[2]) ibid. 219.

sich noch Spuren desselben vor, so z. B. in Liestal (Schweiz): „*schuldiget einer den andern eines mordes, diebstahls, ketzerye, roubes oder dergleichen untetten u. mag er des nit wiesen mit sieben unversprochenen personen, der bessert in sine fuszstaffen*", in Köln: *quod* si occisor factum negaverit, archiepiscopus testimonio septem domesticorum, qui nec occiso nec occisorum cognati sunt, eum de homicidio convincet, in Soest: si quis est de homicidio pulsatus, septima manu tactis reliquiis convinci potest, und in Altenbruch: „*würde iemand umme wunden beschuldiget, kann he* (Kl.) *dat bewysen sulfsiebende, he mag des geneten*"[1]).

10.

Durch die Verwertung neuer Quellen wie nochmaliger genauer Prüfung der bereits bekannten Stellen dürfte nun der sichere Nachweis für die Stichhaltigkeit meiner Anschauung gelungen sein. Das Ächten auf dem Verwaltungsweg erwies sich, trotzdem es immerhin einen Fortschritt bedeutete, doch nur als halbe Maßnahme. Wohl konnte man jetzt gegen den, der im Achtbuch als übersaiter sch. M. paradierte, bei Wiederergreifung unerbittlich vorgehen, nicht aber gegen sonstige Ächter, sofern kein Kläger gegen sie auftrat, woneben der Taidigung, falls sich der Täter in einem Asyl gesichert fühlte und einflußreiche Freunde für ihn eintraten, ja selbst, wenn diese als Feinde die Stadt heftig befehdeten, eine der Gerechtigkeit wenig fördernde Stelle zukam. Und hatte man ihn ja für immer los, so trieb er doch dafür sein Unwesen im Nachbargebiet, wo er mit mehr oder minder erlaubten Mitteln seine Existenz zu wahren suchte, und dann gelang es erst mitunter unter großen Schwierigkeiten und Kosten, den Verzweifelten, den man zu Hause rechtzeitig vielleicht mühelos hätte überwinden können, im Ausland niederzuwerfen.

Der infolge des Lfr. von 1281 eingeführte Übersiebnungsprozeß wurde bisher in seiner Bedeutung völlig unterschätzt; durch ihn wurde erst dem Verfahren ex officio der volle Sieg verbürgt. War es infolge des Brandbriefs von 1186 dem Richter verstattet, gegen den Brenner einzuschreiten, so wurde diese Befugnis durch die Satzung: „*swer einen sch. m. oder diup für geriht*

---

[1]) Grimm. Wst. 4, 470; 2, 751; 4, 703; Löning, Reinigungseid 168, 149, 141.

gevangen bringet, derselbe oder der richter sol swern, daz er ein so sch. m." auf alle schädlichen Leute erstreckt. Ein derartiges amtliches Vorgehen aber hatte vorher, d. h. so lange man noch an dem Erfordernis der Handhafte festhielt, wenig Bedeutung. Das bisherige schwerfällige Verfahren sah sich wesentlich vereinfacht, und hiermit war auch die Gewähr für einen raschen, sicheren Vollzug gegeben. Und zumal auch die Reichsstädte des deutschen Südens wußten sich die Vorteile des neuen Rechtsgangs zunutze zu machen.

Beschränkten sich auch einige darauf, ihn lediglich bei solchen zur Anwendung zu bringen, deren schleunige Vernichtung besonders geboten war, d. h. bei Dieben und Räubern, so erfreute sich sonst das Übersiebnen solcher Beliebtheit, daß auf diesem Wege Delikte aller Art, ja selbst Notzucht und Totschlag, die verdiente Sühne erreichten. Man huldigte ihm eben diesfalls bei „*yegleich schedleich man*", wobei der städtische Anwalt — wie das Gebot an den Nürnberger Löwen (1323) bezeugt — den Todeskandidaten als den dem Reich, dem Land und der Stadt sch. M., der Privatkläger jedoch, den ihm oder ihm und dem Land sch. M. anzusprechen hatte: „*wo einer so arm were, sein dieb nicht mocht richten, wenn er den beschreit fur sein diep u. seines gantzen landes dieb, so soll die gemein den richten lassen*". Daß indes die Stadt mitunter keineswegs so leicht dazu zu bewegen war, die Kosten zu übernehmen, bezeugen Würzburger Fälle[1]).

Wäre es daher einerseits absurd, jetzt nach so vielen Beispielen, welche die generelle Einführung des Übersiebnens erweisen, noch zu behaupten, daß dieses nur für die landschädlichen Leute i. S. Z. (Gewohnheitsverbrecher — Raubritter und Gauner — heimliche, unehrliche Sachen) in Anwendung trat, so nicht minder, daß sich die schädlichen Leute, zu deren Festnahme die Landfrieden und andere Satzungen aufforderten, nur aus Räubern, Dieben und Brennern rekrutierten. Diese Erlasse hätten wenig Zweck gehabt, wenn man sich hiebei nur auf einige Verbrecherkategorien beschränkt hätte; es galt vielmehr schädliche Leute aller Art, d. h. solche, welche offensichtlich eine Straftat verübt oder einer solchen verdächtig waren (Übeltäter und die, welche einer Missetat und Übeltat verdacht, verargwohnt und verleumdet oder solche wissentlich hausen und hofen, wie ein

---

[1]) m. Nürnb. Kriminalverf. a. a. O. 231 ff.; Zenten 2, 467; Grimm. Wst. 3, 593; Zenten 2, 445 f., 752 f.

Nürnberger Privileg die schädlichen Leute definiert, oder das Ingolstädter Privileg: „*schedliche läwte u. verlewnte l. u. alle, die si äzent oder trenkent*“) dingfest zu machen und bei Nachweis der Schuld der verdienten Sühne zu überliefern, um, wie es beim Kärtner Geräune heißt, „*alles, was schedeliches u. ungerichtetes im lande*“ zur Aburteilung zu bringen. Sonstige unheimliche Gesellen, welche nicht ohne weiteres als schädlich qualifiziert werden konnten — ich komme hierauf noch bei den fahrenden Leuten und Bettlern zu sprechen —, verwies man der Stadt und des Gebiets [1]).

Noch ist hinsichtlich des Verfahrens einiges Beachtenswerte hervorzuheben. So sei darauf hingewiesen, daß der Kläger nicht immer zuerst schwur, sondern mitunter als siebenter, d. h. nach den Helfern. Wurde, was die Qualität der Eidhelfer anlangt, meist lediglich gefordert, daß sie sich nicht in Acht und Bann befinden, so beanspruchte man hier und da, daß es „*unversprochene*“ Leute sein müssen, Genossen und Übergenossen, gleiche oder „*tiure*“, beim Übersagen des Diebes in Regensburg Wirte, d. h. Bürger. In Augsburg genügen dagegen diesfalls „Buben“. Abgesehen von den deputati et electi in der treuga Heinrici, den Förstern des Salzforster Weistums ist noch der domestici, non cognati, mit denen man in Köln den Totschläger übersiebnet, zu gedenken. Auch an die merkwürdige Verquickung von Helfern und Zeugen in den österr. Rechten sei nochmals erinnert [2]).

Der Handhafte wurde insofern noch Bedeutung eingeräumt, als es bei Vorliegen einer solchen mitunter gar keiner oder lediglich zweier Helfer bedurfte. In der Karlstadter HGO. findet sich noch das Beschauen der Handhafte, nachdem dies längst als überwundener Standpunkt galt; ebenso wird in allen Würzburger Zenten der Arme durch den Beinlein beschrien [3]).

Frühzeitig scheint das Geständnis volle Beweiskraft erlangt zu haben. In Dinkelsbühl sollen die, „*welche des ziges selber bekennen, ane urteil nach erkanntnisse des merern teiles des rats*“ gerichtet werden; was Schwaben anlangt, verweise ich auf den Kemptner Fall von 1381.

---

[1]) Nürnb. Kriminalrecht 125; Tom. privil. 9, 6, ReichsA. M.

[2]) Zallinger 205; Reichst. Urk. Kempten f. 8 (1331); Nürnb. Kriminalverf. a. a. O. 255; Freyberg, Samml. hist. Schr. 5, 47; Zenten 2, 432; Löning, Reinigungseid 149; Hasenöhrl, ÖLR. 219 ff.

[3]) Zallinger 175 ff.; Zenten 2, 441.

In Iglau wurde ein Räuber nur deshalb, weil es an einem Geständnis fehlte, übersiebnet, woraus zu schließen, daß dieser Grundsatz vielleicht auf österreichischem Gebiet allgemeine Geltung besaß. In Würzburg mußte trotz dem durch die Folter erpreßten Geständnis noch übersiebnet werden, und der Kläger bangte i. e. Fall in hohem Maße, ob ihm letzteres auch gelingen werde. In Kitzingen und Windsheim wurde die Urgicht bekanntlich vor zweien des Rates abgelegt [1]).

Weniger überzeugend wirkte in Dinkelsbühl die Notorietät der Tat, da hier, sofern „*die getat also frische u. uffenbar oder kuntlich u. gegenwurthig*" immerhin noch zwei Helfer benötigt waren. In Eßlingen sollten sie „*vorlewmpte schedliche lute, das fürsten u. herren, landen u. luten gemeinlich wissentlich wer, noch sollicher geschicht, die sie getan habend*" richten. Es gemahnt dies an den „*kuntlich verlempten man, das vor dem lantfrid kuntlich gemachet were*". Mit dem Richten auf Notorium ist identisch das Übersagen „*mit der gewizzen*" (cum conscientia) des baier., wie mit „*der lannd gewissen* (*was der man offenleich tut*)" des öst. Rechts [2]).

Nur zu bald bekundeten sich nicht minder die offensichtlichen Mängel des Übersiebnens, deren wichtigster darin bestand, daß es nur zu häufig an den nötigen Helfern fehlte und somit mancher „*vermärter*" Übeltäter straflos entschlüpfte. Diesen Übelstand zu beseitigen, bezweckte das Leumundsverfahren, das alle Verbrechen und Verbrecher gleichheitlich in Berücksichtigung zog, ja in Nürnberg ausdrücklich auch den Bürgern und ihren Familien gegenüber verstattet war [3]). Wie erwähnt, gingen diese Leumundsbriefe zugleich aus einem politischen Moment hervor; sie wurden dem Rat erteilt, um ihn von der Willkür des reichs- oder landesherrlichen Richters unabhängig zu machen. Und schon aus diesem Grund mußte der Rat — wie dies aus den Privilegien außerdem sowieso deutlich erhellt — in den Stand gesetzt sein, alle Missetäter vor seinem Forum zur Aburteilung zu bringen, ja auch solche, welche nicht mit dem Leben büßen, sondern nur am Leib gestraft werden sollten. Übrigens darf, wie bemerkt, die Bezeichnung Leumundsbrief nicht mißverstanden werden: Nicht wegen ihres bösen Leumunds bzw.

---

[1]) Lünig, Reichsarchiv 13, 464; Zallinger 199; Löning, Reinigungseid 226; Zallinger 200, 197.

[2]) Lünig, Reichsarchiv 13, 464; Zallinger 205; s. h. auch Münchner StR. 249.

[3]) m. Nürnb. Kriminalverf. a. a. O. 230.

ihrer Landschädlichkeit an sich werden diese sch. L. gerichtet; es mußte vielmehr eine bestimmte Missetat in Frage stehen und der Rat hatte auf Grund des gesamten ihm zur Verfügung stehenden Beweismaterials die Stichhaltigkeit der Anschuldigung zu prüfen und auf Eid zu erkennen, daß der sch. M. (umb sein missetate, s. mißhandlung nach) besser tot, denn lebendig sei (u. über sie richten mügen, als sie sich uff ir eyde erkennent, das sie verschuldt haben ungeverlich). Der Kläger spielte hierbei keine Rolle mehr, der Täter wurde „*unbeklaget*" verurteilt [1]).

Das für das Übersiebnen in Betracht kommende Gebiet umfaßt Franken, Schwaben, Baiern und Österreich; in andern Territorien trifft man nur auf einzelne Spuren. Die Zeitgrenzen ergeben sich aus der beigefügten Übersicht! Der sch. M. kommt zuerst im statutum in favorem principum von 1231 vor, die sch. L. zuletzt 1495; das Übersiebnen erfreut sich der Anwendung vom Kapitular von 595 bis 1507, während der erste Leumundsbrief schon von 1320 datiert und die allgemeine Abschaffung des Übersiebnens erst durch die Bambergensis verfügt wird. Zur Zeit des Übersiebnens findet sich in jenen Gebieten übeltätig und missetätig nur ausnahmsweise vor, in den Leumundsbriefen macht sich hingegen nicht selten eine Häufung dieser Ausdrücke bemerkbar.

11.

Es gilt hierauf, um schädlich begrifflich klarzustellen, dasselbe noch in Rücksicht auf seine verschiedenartige Anwendung, wie auf seine Stellung gegenüber andern gleichwertigen und ähnlichen Bezeichnungen zu prüfen.

Schaden, schädlich treten uns in mannigfacher Zusammensetzung entgegen. „*Wer ouch den andern an seinem schaden findet, ist, daz er den schedlichen uf dem seinen wundet, gen dem gericht u. der stat ledig u. lere*", heißt es in den Ulmer Statuten. In Bruneck schaffen sie „*fürbasser allen leuten, die bey in schaden tunt u. vertailent werdent, selber ze tun den tod u. die pene, die ertailet wird*". In Bamberg bedroht man den, „*der der stat oder purgern schedlich wer an eren, leib oder guet*", in den Wst. den sch. M., „*der schaden am wald tut oder schedlich holz haut*". Tut eine Frau „*icht schaden, damit sie den tod verdient*",

---

[1]) Zallinger 205; Gengler, Cod. mun., Aalen 10.

so soll man sie lebendig begraben. In Kärnthen rügt man, „*ob icht schedeliches oder ungerichtetes im lande*". Wird ein „*grozzez dink, daz uf den tot geziuht*" begangen, so soll nach Münchner StR. der Richter den Täter „*von den, den der schad geschehen ist, einen frid gewinnen*". Dieses Recht behandelt auch „*das schedlich vih, das einen schaden getan hat*". In Wien schafft man Gäste „*mit eisengewanten*" hinaus „*nemen sie daruober dehainen schaden, da tu man in dehain reht umbe*". Im übrigen sei auf die früher besprochenen Landfriedensgesetze verwiesen, wo Schaden stets als Folge eines Deliktes auftritt [1]).

Schädliche Sache. Ob auch umb todslag, dewf oder ander schedlich sach zue richten, sol der lantrichter dhain guet des schedlichen mannes (also auch der Totschläger ein sch. M.!) nicht nemen, denn was unrechtvertigs oder schedlich guet bei im begriffen wurde — rauber oder sch. m., bei dem man schedelicher tat u. raubes inne wirt — schedlich sach oder das den dodt beruert — dot oder schedlich sach — ainer oder mer, die schedlich sache auf in hieten — ainen schedlichen im landgericht oder das den todt beruert (gestolen oder solich sachen, darumb er des dodes schuldig); es sollen auch alle lewt (auf dem Jahrmarkt) frid u. glait haben, ausgenomen schedlich sach; es sol auch die herschaft dhain anclager sein, dan umb schedlich sach [2]).

Schädliche Leute.

1. Übeltäter an sich.

a) in Privilegien und Landfrieden:

Unter Anführung bestimmter Arten:

Frankfurt: sch. l. mit raub u. andern unthetigen sachen.

Buchhorn: alle u. jegl. belumbte u. übelt. l.: räuber, mörder, dieb u. and. sch. l.

Gemünd: alle u. jegliche sch. l., mörder, mordbrenner, fälscher, räuber, diebe oder wie die genannt, geheissen u. geschaffen sind.

Memmingen: d. r. b. m. oder mer umb ander sach; sch. man, der ächter ist, um r. d. totschl., b. m. oder unrecht widersagen angeklagt; d. u. totschl., sch. man.

---

[1]) Ulm. Urkb. 2, 301; Gengler, Cod. mun. 427; Zoepfl, D. alte Bamb. Recht, Anh. 5, Nr. 70; Öst. Wst. 7, 709, 18; Grimm Wst. 3, 430; Freyberg, Samml. hist. Schr. 5, 170; Zallinger 98, 159; Auer, Münch. StR. 277; Tomaschek, Rechte und Freih. d. St. Wien, 70.

[2]) Öst. Wst. 1, 52, 43; Quell. und Er. 6, 97; Öst. Wst. 6, 242, 18; 6, 243, 4; 1, 51, 11; Tom. privil. 1, 229, ReichsA. M.

Reutlingen: alle u. jegliche mbr. r. d. oder andere, die heimlich u. offenbahr sch. u. übelth. l. sein.

Lfr. 1281 und 1300: sch. man oder diep.

1297: swer ainen rauber oder sch. m. behaltet, bei dem er sch. tat oder raubes inne wirt[1]).

Häufig ist jedoch überhaupt nicht spezifiziert:

Bruneck: alle l., die bei in schaden tunt u. vertailent werdent, soliche schedliche leute.

Steir. LR.: ein sach, die an den tod gieng, so schullen sie dazselb sch. mensch.

Landshut: jegleich sch. man, wer der war.

Hierzu treten die Land und Leuten sch. L. in den Privilegien von Kärnten, Kempten, Leutkirch, München, Nürnberg, Tübingen, Ulm, welche den gewöhnlichen sch. L. der andern Privilegien ihrem Charakter nach durchaus gleichstehen, die, „*der gemein*" sch. L. in Ofen u. die sch. Inwohner zu Wien. Nicht minder zählen die nocivi homines zu Iglau hierher [2]).

In den Privilegien, welche die Verleihung von Halsgericht, Stock und Galgen bezwecken, stehen die sch. L. ebenso zweifellos den Verbrechern gleich; denn es hätte doch keinen Sinn, jenes Recht nur für die landsch. L. im Sinne Z., zu erteilen. So: Abensberg, Aschaffenburg, Aschau, Riedheim. Ähnlich Lindau: „*usfüren an die statt, da man sch. l. richtet*, Ehingen: *mit der gloggen, als man einen sch. m. fürfüren soll*". Keine andere Deutung läßt endlich die Satzung zu, wornach in Augsburg und Nördlingen vier ehrbare Juden über einen andern schädlichen J. richten sollen. [3]).

b) In den Weistümern, und zwar bei Grimm, finden sich als sch. L. einmal der Totschläger u. M. Br. R. D. und Notzüchter vom Asylrecht ausgeschlossen. Von Interesse ist ferner das Schlagen des sch. oder misdedigen Mannes, der zum Feuer verurteilt ist. Leute, die

---

[1]) Zallinger 5; Lünig, Reichsarchiv 13, 82; ibid. 312; Grimm Wst. 4, 470; Zallinger 176, 211; Quell. u. Er. 5, 342; 6, 97.

[2]) Gengler, Cod. mun. 427; Bischoff, Steierm. LR. 127; Zallinger 192, 175; Reichst. Urk. Kempten, f. 8 (1331); Lünig, Reichsarchiv 13, 1289; Zallinger 148, 192, 150; Ulm. Urkb. 2, II, 523; Michnay u. Lichner, Ofner StR. 131; Zallinger 193; Tomaschek, Rechte u. Freih. d. St. Wien 60, 253; Zallinger 12.

[3]) Quell. u. Er. 6, 405; Gengler, Cod. mun., Aschaff. 4; Ludwigselekt Nr. 489½ (1331); Ulm. Urkb. 2, II, 613; Reichst. Urk. Lindau, f. 23 (1376); Lindau, f. 24 (1377); Reichst. Lit. Nördlingen 10, 27.

einem Dorf oder dem Gotteshaus u. s. Leuten schädlich sind, soll man gänzlich abstiften. Wer dez ze M. einer liblos getan wurd, wird der schedlich man, so es getan hat usw. [1]). In den österr. Wst. sind hervorgehoben: todtschläger oder dieb, sch. m. — tief, mord, plut u. all sach. u. wen man sch. man überwindet — sch. m., es wäre ein m. br. r. d. oder einer der frauen oder jungfrauen wolte schaden an ihren ehren — sch. l. als m. oder d. — kirchenbrecher oder ander sch. l., die große malefizhandel auf ihnen haben — m. d. oder ander, die den tod verwirkten, daß sie sch. l. (todslag, deuf oder ander sch. sach). Außerdem sei auf folgende Redewendungen hingewiesen: sch. l., darüber man malefizrecht hält — sch. m. gefangen, auf malefiz geführt für recht — sch. übelt. man — sch. l., wie sie den leib verwirkt hätten — sch. m. in pfarr gesessen — haussässiger oder fremder, der land u. leuten ein sch. m. — sch. m. oder weib umb unerber sach — schedhaft m. oder sonst seiner ehren beraubt — dieb: schediger u. gerichtmessiger m., so ist derselbig sch. m. — ob ain sch. m. ab dem walt chombt, der daran schaden getan hat [2]).

Besonders ausschlaggebend sind endlich die zahlreichen Satzungen der Wst. über Festnahme und Auslieferung sch. L., wie über den Ausschluß solcher vom Asylrecht. Diese erweisen dadurch, daß sie stetig mit analogen Bestimmungen, in denen statt sch. L. Missetäter und Übeltäter auftreten, abwechseln, in überzeugender Weise, daß auch in den Rechten des öst. Landgebiets der sch. M. lediglich als Übeltäter gilt [3]).

Über die sch. L. im oberbaier. LR. wie Bamberger StR., über deren Charakter kein Zweifel walten kann, wurde früher eingehend gehandelt; hinsichtlich Nürnbergs und Würzburgs verweise ich auf die Ausführungen in den „Zenten". Im Gebiet des Hochstifts wird bekanntlich für schädlich vielfach der Ausdruck schadbar gebraucht [4]).

2. Gemeinschädliche Leute, welche an sich nicht als schädlich (d. h. übeltätig) gelten, sondern erst durch Landfriedens- und andere

---

[1]) Grimm. Wst. 3, 716; 1, 543; 6, 187; 4, 389.

[2]) Öst. Wst. 1, 52, 43; 1, 109, 7; 7, 51, 14; 6, 61, 36; 7, 56, 11; 1, 52, 43; 1, 82, 6; 2, 179, 15; 2, 192, 31; 5, 385, 6; 7, 31, 19; 6, 79, 35; 7, 980, 5; 7, 75, 17; 7, 486, 31; 7, 709, 18.

[3]) Öst. Wst. 7, 231, 32; 236, 43; 237, 6; 277, 7; 244, 14; 249, 25; 256, 27; 279, 1; 283, 18; 293, 13; 299, 26; 312, 44; 317, 27; 321, 7; 332, 25 usw.; s. a. Register.

[4]) s. S. 16; Zenten 2, 467 ff.

Bestimmungen den sch. L. gleichgestellt werden. Ich nenne hier vor allem die herrenlosen Knechte, Schützen, Eisenknappen, die „*verdechtlich zu vil bösen sachen*". Es handelt sich hier um ein und dieselbe Verfügung, welche, verschiedenartig gefaßt, immer wieder in den Lfr. wiederkehrt:

1244: item de hiis, qui vulgo dicuntur ysenchnappen — ipsis diem prefigat infra tempus statutum, ut vel militent vel ab hoc resiliant errore. quod si non fecerint, proscripti denuncientur.

1281: swer sogetan schützen begreifet, der sol in die hengist u. armst nemen u. sol die schützen an das geriht antworten für sch. l.

1330: dinaer, swelhie niemants knehte haizzent, die sol man han für sch. l.

1377: welich raisig knecht sin aigen pfert oder mer hat u. kain behusung, noch kainen herren oder erbern gesessen man, der in zum rechten versprechen wölle, den sol man haben für einen sch. m.

1378: welich reysig kneht ein reysig pfert hat oder me — den sal man halten für einen untetigen (!) man, der sol nyergent fred, noch geleyt haben u. süllen fürder darzutun, als zu rawbern.

1389: welich knechte ein reysig pfert — oder erbern gesessen man, der fur in spreche, das er landen u. luten unschedlichen sey.

1403: welich knecht usw., welcher aber kein herren hat, der in zum rechten versprech, derselb u. auch alle andere verlüment u. sch. l. sollen in des richs echt sein. die sol man ufhalten u. zu den richten als zu echtern u. roubern von recht.

Karolina Art. 39 (Bamb. 47): reysig oder fussknecht — argkwonig u. verdechtlich zu vil bösen sachen u. allermeyst zu rauberey — daß man solche buben nit leiden, sondern annemen, hertiglich fragen umb ire misshandel mit ernst straffen solle[1]).

Wir sehen sie demgemäß teils mit Ächtern, teils mit untätigen, d. h. missetätigen Leuten an sich auf gleiche Stufe gestellt, teils wird ihre Landschädlichkeit besonders hervorgehoben. Auch hier gilt das bisher Gesagte: Wohl wird ihnen das Gebiet verboten und ihre Hausung untersagt, wohl werden sie bei Festnahme als besonders „*argkwonig u. verdechtlich*" behandelt, ja eventuell gefoltert, eine Strafe riskieren sie jedoch nur bei Nachweis einer wirklichen Untat (umb ire misshandel).

---

[1]) Zallinger 71; Quell. u. Er. 5, 343; 6, 313; Zallinger 10, 255, 229.

Im übrigen sind die Drohungen der Landfrieden nie so wörtlich zu nehmen; daß jene Knechte sonst weit milder beurteilt werden und ebenso meist nur für tatsächlichen Schaden einzustehen haben, erweisen z. B. einige Sätze der Wst.: „*Wo reisigen durch die frihe grafschaft* (Dietz) *riden u. raup dardurch förten, also das sie in der gr. niemand schedigten u. och kein nahe geschrei volgete, die en sull man nit rugen. — wer frefelichen oder rauplichen durch des riches land tribet, wieviel der waren gewapet, buße 13 lb.* (womöglich vom geraubten Gut!), *wer ein ermordet oder erstichet, des lip u. gut ist dem riche verfallen. — chument geste in die stat, die mit eisengewanten giengen, den suoln die purger u. rihtaer d. e. verbieten; wolten sie ez daruober tragen,* so *verbiet man in die stat, nement sie daruober schaden, da tu man in dehain reht umbe. — ob icht laeut kaemen, dasselb unser lantgericht ze beschedigen; wer das gewar wurde, der soll das zu geschrai bringen, damit solcher beschediger, als sich geburt, gestrafft werde*“ [1]).

Hierher zählen auch die Gebote der Salzb. LO. von 1328: „*swer mezzer oder ander harnasch in der hozzen oder anderswo verholen trait, hab man in auf fur einen sch. m. — wir verbieten alle holtzgear u. lantwinger als sch. l., daz man in nachschrey u. nachfolge als sch. l.*“ In den Wst. werden die Nachbarn für den Fall eines Brandes zur Hilfeleistung aufgefordert: „*wer aber, das ainer von neydts wegen nit zuelueff, den sol man anvallen fur a i n e n s c h. m., a l s o b e r s s e l b s t h i e t a n g e z u n d e t*“. Ebenso ist hier des Regensburger Verdikts zu gedenken, wornach alle, welche am Purtting verboten werden und die Stadt nicht verlassen, als schädlich gelten sollen [2]).

Nicht minder sind diejenigen, welche sonst durch verdächtiges Gebahren den sch. L. gleichgeachtet werden, in diese Kategorie einzureihen, so z. B. bei Wegwarten, Umherschleichen bei Nacht ohne Licht, Übersteigen einer Mauer oder unbefugtem Aufhalten in einem Hause bei Nacht: „*ob ain wiert nicht daheimb were u. käm bei der nacht, fund ainen in hause u. hoff u. fraget dem, wer ers were; wolt er sich nit melden, s o m a g e r i m a n g r e i f e n f ü e r a i n s c h. m a n*“. Bedenklich ist ferner: „*wan ain schedlich umbschweifende person in burgfridt käme u. ain böser verdacht auf der person läge oder sonst etwas*

---

[1]) Grimm Wst. 1, 579; 1, 774; Tomaschek, Rechte u. Freih. d. St. Wien, 70; Öst. Wst. 6, 30, 34.

[2]) Rössler, Bedeutung und Behandlung der Gesch. d. Rechts in Öst. Urk. 4; Zallinger 11; Grimm 3, 695; Zenten 2, 484.

unrechts an in befunden". Immerhin darf diesen „*niemand greifen, als der richter*" [1]).

12.

Missetätig, Missetat. Im Hinblick hierauf in den Privilegien bemerkenswert:

Kaufbeuren: das sy dann aber so mißtetige u. sch. l. u. personen an irem leib mugen straffen.

Buchhorn: über alle u. jegliche belumbte u. übelthätige l. mit nahmen r. m. d. u. andere sch. l. nach ihrer verschuldung u. missethat.

Memmingen: daz sie sch. l. sint u. nutzer u. besser dot, dann lebende umb yre missetat.

Weißenburg: alle u. jegliche sch. l. umb solch ihr missetat u. untade.

Gemünd: alle u. jegliche sch. l., wie die genanth, solch straffe u. bueß, als sich deme zue solcher missethat gebührt.

Leutkirch: daß sie alle u. jegliche übelthätige l. usw. umb ihre m. straffen.

Bulach: übelthatige, verleumdete l. ihrer mißhandlung nach.

Überlingen: in bösen leimbden oder müssethat erfunden.

Nördlingen: der Ammann erhält den Blutbann „*das sch. l. in ir missetat icht gesterckt werden*" [2]).

Während M. in den Öst. Wst. ungebräuchlich (hierfür Malefiz), findet sich bei Grimm die Definition: were daß ein mißthediger mensch (oder) der ein todtschlagh gethon oder das leben vermacht hett. Sodann wechseln in den Satzungen über Festnahme, Auslieferung, Asylrecht misdedig mit schedlich u. übelthätig ab. Auch hier wird „*die missethat, die ime an den lyb gienge*", da ja analog mancher Privilegien M. auch bei nicht todeswürdigen Delikten gebraucht wird, besonders hervorgehoben [3]).

Übeltätig, Übeltat. Auch diese stehen an Bedeutung schädlich und missetätig völlig gleich.

---

[1]) m. Nürnb. Kriminalrecht 165 f.; Öst. Wst. 6, 265, 21; 7, 378, 8; 6, 207, Anm.

[2]) Reichst. Urk. Kaufbeuren, f. 8 (1418)); Lünig, Reichsarchiv 13, 312; Reichst. Urk. Memmingen f. 21 (1403); Lünig, Reichsarchiv 14, 619; 13, 82; Zallinger 202; Lünig 13, 1289; 14, 541; Reichst. Lit. Nördlingen 10, 74.

[3]) Grimm Wst. 2, 30; s. S. 66; Grimm 1, 168.

Lfr. 1378: schedelich übeltetig mann u. der rat uf iren eit erkantent, daz er ein schedelich man were (sch. = ü.).

Lfr. 1403: verdächtige Reisige: richten als zu echteren u. ubelt. l.

Leutkirch: sch. u. übelt. l.

Rothenburg: rauber u. sch. ubelt. l. an warer tate.

Wirtemberg: sch. übelt. verläumdete l.

Kaiserrecht: übelt. sch., doch nit begriffen an der frischen tat.

Aalen: übel verläumbt, übelt. u. sch. l.

Augsburg: r. d. m. pr. todschläg u. in ander wege beschädigt, solche übelt. u. strassenräuber.

Reutlingen: heimlich oder offenbahr sch. u. übelt. l.

Buchhorn: alle u. jegliche belumbte u. übelt. l.

Bulach: übelt. verläumdete l. ihrer mißhandlung nach.

Weil: verwehnte u. übelt. l. abthun.

Windsheim: d. r. oder (andere) übelt. l.

Hall: misset. u. übelt. l.

Leutkirch: alle u. jegliche übelthätige leute usw.

Bamberg: das besiben der ubeltetter u. ander mißprauch [1]).

In den Satzungen über Festnahme usw. der Weist. sind, wie erwähnt, sch., übelt. u. misset. als durchaus identisch behandelt.

Ferner Grimm: ubelthediger man als ein morder, diep — übelt. oder mißt. mensch — übelt., so dann ein malefitzhandel uf ime trugen.

Öst. Wst.: gesessen übelteter, dieb oder rauber — lantgeschrei über ain deub, lanttwinger oder andern übelt. — kumbt ain straihunder dieb, mörder oder prenner mit gestollem guet oder mit solher ubltat beladen — öffentliche übelt., banditten oder absager — ob man einen sch. übelt. mann hie im dorf fieng — schämblicher: übeltäter [2]).

Malefiz. Die malefici der Leges treten in der Bedeutung von Missetäter vielfach als die malefitzigen leut in den öst. Wst. auf:

---

[1]) Zallinger 258, 256; Reichst. Urk. Rothenburg f. 7 (1368); Zallinger 212, 13; Gengler, Cod. mun., Aalen 2; Augsburg 15; Zallinger 211, 202; Lünig, Reichsarchiv 13, 312; 14, 592; Zallinger 197; Lünig 13, 903; Zallinger 202.

[2]) Grimm Wst. 3, 532; 3, 782; 6, 238; Öst. Wst. 5, 409, 5; 7, 568, 20; 2, 59, 20; 6, 216, 16; 5, 678, 34; 2, 192, 31; 6, 54, 31.

diè m. l., so auf der hofmarkt begriffen werden — schedliche l., darüber man malefizrecht besözt — böse l., die malefizisch händl auf innen hätten — dieb oder m. person(!) — mallefizpersohnen. ob einer ain schödlichen mann auf seinen grünten oder schaden begriff — freiheit: wann aber ainer hereinköm u. wär ain m. p. — was aber malefiz beriert, denselbigen mit gürtl umbfangen antworten [1]).

Lfr. 1378: welch reysig knecht — den sal man halten für einen untetigen man.

Untätig. 1398: ein schedl. haus mit raube u. andern unthetigen sachen.

Frankfurt: über untedige lute richten nach dem, alse sich daz nach der ubiltat, die sie begangen hand, heisschet.

Öst. Wst.: ob zu vorgemelten untätigen l. (todslag, dewff, notnufft) ein anklager wäre, der sol begern, daz man im ainen sölhen untätigen einneme [2]).

Unfertig. Nur in Grimms Wst.: item hat er recht uber alle unfertig lute, die den hals verwirkt hant — daß das dorf hette ein unfertigen mann oder frauen, die den hals verwirkt hetten — wenn wir einen sch. mann begreifen, den megen wir geferdigen oder nicht [3]).

Unlentig. Öst. Wst.: malefizpersonen auf dem urbar. wann sich begäbe, das ain unlentiger man a. d. u. gefunden wird, antworten, wie er mit gürtl umbfangen [4]).

Schämblich. Öst. Wst.: käm aber ain schämblicher, also ain mörder, schächer oder diep hergelaufen, denselben übelthäter antwurten dem gegentrichter [5]); s. auch S. 22.

Böse. Bamb.: reysig oder fussknecht, argkwonig u. verdechtlich zu vil bösen sachen u. allermeyst zu rauberey.

Öst. Wst.: ob böse leut in gericht wären oder dorain kämen, die malefizisch händl auf innen hätten, also manschlecht, prunst, diebstall oder andere bös sachen. — gartknecht, zigeiner oder ander dgl. verdechtliche personen, pöse, verwegene leut.

---

[1]) Öst. Wst. 5, 570, 41; 1, 82, 6; 6, 235, 5; 7, 433, 13; 7, 866, 9; 7, 121, 4; 7, 504, 8.

[2]) Zallinger 5, 10; Ulm. Urkb. 2, II, 523 f.; Öst. Wst. 1, 45.

[3]) Grimm Wst. 1, 771; 6, 13; 3, 694.

[4]) Öst. Wst. 1, 113, 43.

[5]) Öst. Wst. 6, 54, 31.

Grimm Wst.: u. wurd ein böser man oder übelthäter gefunden, den sol das gericht darin (Gefängnis) thun u. seiner hüten über nachts [1]).

13.

Ziehen wir nun die vorstehenden Stellen in Vergleich, so ersehen wir, daß Schaden teils im heutigen Sinn gebraucht ist, teils die Folge von Verbrechen und Vergehen jeglicher Art bildet; bei der schädlichen Sache oder Tat steht hingegen stets eine strafwürdige Handlung in Frage, da der, welcher eine sch. S. „*auf in hat*“, festgenommen werden soll. Schädlich aber steht mit missetätig, übeltätig, malefizisch, untätig, unfertig, unlentig, schämblich und böse in der Bedeutung durchaus gleich; jenes enger zu begrenzen, dafür liegt kein Grund vor. Geht dies in Hinblick auf missetätig, übeltätig und untätig schon aus den Privilegien hervor, so noch deutlicher aus den Satzungen der Weistümer, welche die Festnahme, Auslieferung und den Ausschluß der Übeltäter aus der Freiung bezwecken. Wir finden in den dem Wortlaut nach oft gleichen Stellen, wie bereits hervorgehoben, einen oder den andern jener Ausdrücke vor, je nach dem Brauch in jenem Bezirk. Die schädlichen Leute sind also Missetäter und Übeltäter, d. h. Verbrecher im weitesten Sinn; schädlich heißt nicht nur der Land und Leuten sch. Übeltäter, der ex officio angesprochen und gerichtet wird, sch. ist auch der, welcher, womöglich auf der Tat ertappt, von vornherein vor Gericht geschleppt wird, wie dies namentlich aus den Nürnberger Privilegien mit Deutlichkeit hervorgeht.

Sonst kommt es auf die betr. Quelle an, ob wir todeswürdige oder minder strafbare Delinquenten vor uns haben. In den Privilegien sind bekanntlich diejenigen unterschieden, welche nur am Leben oder nur mit dem Leib büßen sollen, in den HalsgerichtsO. oder in den die Verleihung von HG. bestätigenden Dokumenten treten die sch. L. natürlich nur als Todeskandidaten auf. Aber es trifft auch zu, daß sch. L. lediglich des Landes verwiesen oder mit Bußen bedacht werden. Der sch. Mann als solcher ist in der Regel der Verbrecher in seiner schlimmeren Bedeutung, nur ausnahmsweise trägt auch ein harmloserer Sünder dieses Epitheton.

---

[1]) Bambergensis Art. 147; Öst. Wst. 6, 235; Grimm Wst. 1, 684; poshait als Missetat, s. S. 23.

Sind daher nicht, wie dies aus einigen Übersiebnungssatzungen zu ersehen, einzelne Verbrecherarten (Diebe, Räuber) als solche gekennzeichnet, gegen welche das neue Verfahren ausschließlich zur Anwendung kommen soll, so sehen wir in den hervorgehobenen wichtigsten Vertretern der sch. L. nur Beispiele vor uns. Es ergibt sich dies schon deshalb mit zwingender Notwendigkeit, weil fast alle damals bekannten Verbrechensarten mit den sch. L. in Verbindung gesetzt sind: Diebstahl, Einbruch, Raub, Mord, Brand, Mordbrand, Fälschung, Totschlag, Notzucht, Verrat, Landzwang, Ketzerei, Zauberei (tief, mord, plut u. all sach), wie außerdem in den Privilegien: „*u. alle u. jegliche sch. l., u. alle untetigen sachen, wie die geheissen, genannt u. geschaffen sind*" beigefügt ist.

Ebenso ist auch das öfters vorkommende „*oder*" zwischen sch. L. und einer bestimmten Art derselben nur beispielsweise aufzufassen: „*diep oder sch. m., sch. m. oder diep, rauber u. sch. l., mörder, dieb, kirchenbrecher oder andere sch. l., dieb oder mißthetige, gerichtmessige person*". Mit besonderer Deutlichkeit bezeugt dies (deub oder schedlich leut) das Freisinger Rechtsbuch (II, Kap. 100) und zugleich, daß dies nur gewöhnliche Übeltäter sein können, da ja dort lediglich Anordnungen über das Richten von Verbrechern an sich erteilt werden. Gewissermaßen im Gegensatz stehen jedoch: „*schedliche sache oder das den dot beruert*" insofern, als die sch. Sache auch Delikte in sich schließt, welche geringerer Ahndung unterliegen.

Beachtenswert ist, daß in Satzungen, welche das Übersiebnen einzelner Gattungen (D., R., Br.) gebieten, der Ausdruck sch. L. fast gar nicht vorkommt, wiewohl es sich hier nach Z. gewiß um landschädliche Leute handelt, ebensowenig in der kön. Verfügung, welche den Landfriedensgerichten vorschreibt, allein über „*nom, brand, raub u. unrecht widersagen*" zu richten. Während demgegenüber im oberbaier. LR. und Münchener StR. fast nur sch. L. für Verbrecher gebraucht ist, findet sich bei notorischen Verbrechern der Ausdruck „*vermaerter Übeltäter*" [1]).

Also vornehmlich in den Gebieten und Städten, denen Übersiebnungs- und Leumundsprivilegien verliehen worden sind, ist schädlich für missetätig und übeltätig gebräuchlich, es ist daher dort ein Einfluß der Reichskanzlei keineswegs zu leugnen. Manchen Städten,

---

[1]) Auer, Münch. StR., Art. 249.

ist, wie bekannt, lediglich das Privileg einer andern erteilt, so besonders in Schwaben, wo man namentlich bei Ulm vielfach zu Haupte ging.

Daß die Kategorie der sch. L. nicht nur fremde, hergelaufene Strolche in sich schließt, geht schon daraus hervor, daß man ansässige, haussässige und fremde sch. L. unterscheidet. Die Trennung in offenbare und heimliche sch. L. ist nicht auffällig, im ersten Fall liegt ein offenkundiges Verbrechen vor, im andern handelt es sich lediglich um einen Verdacht (gemeine oder beschriebene böse leimbden).

14.

Endlich bin ich bei genauer Prüfung des einschlägigen Materials und insbesondere der Weistümer zu der Überzeugung gelangt, daß die fahrenden Leute, aus denen sich das vielgestaltige Gaunertum des Mittelalters rekrutiert und die Stadt und Land in stetiger Unsicherheit erhalten, an sich nicht zu den sch. L. zählen [1]). So werden in den österr. Wst. selbst Zigeuner und Gartknechte zwar böse, verwegene Leute genannt und, wie alles bedenkliche Gelichter, mit dem Epitheton „*gefährlich*" begabt (gefährliches Gesindel), doch findet sich niemals schädlich [2]). Wenn bestimmte Kategorien derselben zu den sch. L. gezählt werden, so boten, wie gesagt, Landfriedenssatzungen und ähnliche Verdikte die Veranlassung hierzu. Wäre jenes ohnehin der Fall gewesen, so hätten die VO., wie z. B. bei den Eisenknappen, nicht ausdrücklich angeordnet, daß sie von nun an als sch. L. gelten und behandelt werden sollen. Nach den Wst. werden Reißige, welche Raub durch das Land führen, nur, sofern sie jemand schädigen oder ihnen ein „*nahe geschrei volgete*", auf dem Weg der Rüge zur Rechenschaft gezogen. Das nämliche Ergebnis zeigt sich bei den Augsburger Gallenleuten und den bei dem Regensburger Purtting Ausgewiesenen. Dort werden diejenigen, welche bereits irgendwie Schaden gestiftet, ausdrücklich als schädlich gekennzeichnet, sei es auch, daß jener nicht genau benannt, sondern, da es sich eben um verschiedene Gaunereien handelt, dafür „*schedlich mit aller bozhait*" gesetzt ist. Hier werden die Verbotnen nur schädlich, sofern sie

---

1) Zenten 2, 483 ff.

2) Öst. Wst. 5, 50, 36; 2, 45, 43; s. auch die Register.

trotz des strikten Verweisungsbefehls trotzig in der Stadt verbleiben [1]).

Vielleicht dürfte, um einen Einblick in das Verfahren gegen dieses gemeingefährliche Gelichter zu erhalten, eine kurze Darstellung der Regensburger Verhältnisse von Interesse sein. Auch diese Stadt suchte sich frühzeitig vom Reiche die Befugnis zu erwirken, Placker und sonstige Friedensstörer niederzuwerfen und der Vernichtung zu weihen. So heißt es 1315: „*waz si dann schedliche leut vahen in irer stat, do schol über gerichtt werden nach der stat gericht, alz si von alter gewonhait herpracht habent. auch das sy sich eins gmachsamen frids volkomlich frewen mügen, so verleihen wir in, daz si von allen den, dy do behalten schedlich leut, von den si schaden empfangen haben, dy si behalten in irn vesten, vordern sullen daz gut u. habe, di in genomen wirt. wellen sy in dann ir habe, nach dem u. sy von in gemont werden, nicht widergeben, so sullen dy burger dasselbig recht haben zu in, daz sy von recht zu den haben, die in dy habe gerawbt u. genomen haben*“ [2]).

Nach Privileg von 1331 sollen sie „*betrüber des vrides u. all übeltäter*“ auch in fremden Gerichten dingfest machen, doch das erste Recht, über solche zu richten, jenen zustehen „*nach der gewonheit, di vor der verleichung der genade ist behalden*“. Sind sie dessen säumig, so erhalten die Bürger freie Hand; ebenso unerbittlich sollen sie gegen die verfahren, welche die Räuber und Betrüber hausen oder das geraubte Gut zurückzustellen verweigern. 1434 gestattet Sigismund, die Räuber, Übeltäter, Betrüber des Frieds und Beschädiger der Reichsstraße festzunehmen und durch alle Landgerichte und Herrschaften in die Stadt zu bringen „*allein stet, merckt u. gemawrte gesloß, die ir aigen halsgericht haben, dadurch sullen sy der nicht furen, sunder außen umb dieselben*“ [3]).

1308 legt man ein Buch an, in welches alle, die „*wider die stat iht tun, es si an strazrauber oder an swelherlei hand ander sache — das man derselben übeltäter ir aller namen wiß u. ire poshait u. übeltät nicht vergessen werd —*“, verewigt werden

---

[1]) Grimm Wst. 1, 579; Buff, Verbrecher und Verbrechen zu Augsburg (Zeitschr. d. hist. Ver. f. Schwab. und Neuburg 3, 160 ff.); Zenten 2, 483 f.

[2]) Reichst. Regensburg, Lit. Nr. 363, 89, ReichsA. M.

[3]) Lit. 98.

sollen; „*u. swes der rat, der denne des ratz ist, ze rat wirdet, daz sol man stat haben*“ [1]).

Doch nun zu jenem harmloseren, aber subsistenzlosen und daher nicht minder gemeingefährlichen Gelichter der fahrenden Leute, das zumal auf dem Gebiet des Diebstahls und Trugs so große Kunstfertigkeit betätigte und mit dem selbst die mächtigsten Republiken des Mittelalters einen ebenso hartnäckigen, als ohnmächtigen Krieg zu führen gezwungen waren. Im 14. Jh. werden anscheinend noch wenig ernergische Vorkehrungsmaßregeln getroffen; 1306 verbietet man alle Ruffiane und wer überredet wird, daß er ein R. sei „*den soll man von der schupfen werfen in die Patzenhüll*“. Gemäß Stadtrecht von 1359 hat der Schultheiß Gewalt, „*wen er vacht von pfozzensneidern, von puben u. solichem volk, von dieben u. swer im sunst gevellich wirt, zu wandeln u. domit zu handeln, alz ez vor her ist chomen u. durch nimant bet noch heizz nit ablazzen*“. Nachdrücklicher verfährt man bei Ereignissen, welche viel Volk zu den Toren hereinführen. So 1388, als die Söldnerscharen des schwäb. Bundes gastliche Aufnahme fanden und sich mit dem Troß manch zweifelhafte Gestalten hereinschlichen. Aller „Tand“ wird abgestellt, den fremden Lotterern und Spielleuten, Lotterpfaffen, Sprechern und Singern, Storzern und Geilern die Stadt verboten, den Bettlern das Betreten der Häuser auf das strengste untersagt [2]).

Genauen Einblick in das Verfahren eröffnen uns jedoch erst die Aufzeichnungen über die Purttinge von 1401—1407. Leider ist nicht überliefert, auf welche Weise die Anzeige oder Rüge jener Übelbeleumdeten stattfindet, ob der Rat unter der Hand Kenntnis von ihrem sicherheitsgefährlichen Gebaren erhält oder die Klage am Ding gegen sie selbst erhoben wird, sei es, daß besonders vertrauenswürdige Zensoren mit der Aufspürung solch verdächtiger Gesellen betraut sind oder jeder Bürger bei Angabe stichhaltiger Gründe deren Aufnahme in die Proskriptionsliste fordern darf. Denn es kommen hierbei nicht nur Fremde in Betracht, bei denen weniger Rücksicht zu walten braucht, nicht allein solche, welche durch unehrliches, diebisches und betrügerisches Verhalten bereits ihren gesellschaftsfeindlichen Charakter hinreichend bekundet haben: auch Einheimische

---

[1]) Lit. 398.

[2]) Lit. 372, 28; 297, 35; Gemeiner, Reg. Chronik 2, 113, 239.

finden sich vielfach unter den Verfehmten, auch gewöhnliche Streuner, Spielleute, Sprecher und Singer. Auch ist man derer, gegen die man vom Hausrecht Gebrauch macht, keineswegs durchaus habhaft, ihre Namen werden lediglich öffentlich verrufen und sie haben dann eben die Folgen ihres trotzigen Verweilens, auch wenn sie von der ihnen zuteil gewordenen Ehrung zu spät Kenntnis erlangten, selbst zu tragen [1]).

Ob die „Auskehr" der offen Ausgewiesenen ähnlich wie die der Gallenleute zu Augsburg vollzogen wird, ist nicht klar ersichtlich. Ein gemeinsames Hinaustreiben, und zwar unter Glockengeläute scheint nicht stattzufinden; die so Gezeichneten sind nur gehalten, am Tag des Purttings selbst zum Tor hinauszuwandern: „*alle di verpoten sind, di sullen aus vor nachtz. was man ir darüber begriff, di wolt man fur schedleich halten. u. wer auch in andern steten u. gerichten verpoten ist, der sol hie auch verpoten sein, der wellent m. herrn on ir urlaub hie nicht wissen, es sein frawen oder man*". „*swem deu stat verpoten ist*, heißt es an anderer Stelle, *der sol den montage vor vesper uz der stat, begriffet man in fürbaz hinne, so leget man in uf den turn u. swer gar uz verpoten ist, der sol in den purchvrid niht chomen oder er muz daz ander iar ouch dort uzze sin*" [2]).

An sich könnte man hieraus schließen, daß die Verbannung nur für ein Jahr ausgesprochen sein soll, doch wird dies wieder illusorisch durch folgendes, wohl bei jedem Purtting erlassene Gebot: „*wer verpoten ist, der schol auz noch hewt vor nachtz, alz lieb ym leib u. gut. u. wer vor verpoten ist, haimleich oder offenleich, die sullen hewr auch allew verpoten sein*". Es wird also trotzdem, ohne Rücksicht darauf, daß sich etwa der eine oder andere während jenes Jahres infolge besseren Verhaltens ein Anrecht auf mildere Behandlung erworben, bei jedem Ding zugleich die alte Liste wieder verlesen und so die Möglichkeit der Heimkehr für immer abgeschnitten. Ungehorsam Zurückbleibende will man mit Turm, an Leib und Gut strafen, für „*schedleich*" halten, da man eben von solch verwegenen Gesellen das Schlimmste gewärtigen muß, ein deutlicher Beweis, daß sonst die gewöhnlichen

---

1) Lit. 409½.

2) Lit. 409½, 33; Juliana, apodekhers hausfrau, kam in gef. von spils u. unerbers lebens halb, auf furbit entlassen, thet sie das nicht, wan sie geschworn, soll man hintz ir richten als einen schedlichen weib, soll khein freyhung, gleid, noch fürbitt helffen, Lit. 596, 137.

Landfahrer und Streuner keineswegs zu den schädlichen Leuten zählen [1]).

Es gibt nun neben den offen Verwiesenen auch heimlich Verbotene, d. h. solche, welche man ebenfalls auffordert, das Gebiet zu verlassen, wenn man sie auch nicht durch öffentliche Verrufung brandmarken will. Eine weitere Gattung bilden diejenigen, welche zwar in der Stadt bleiben dürfen, aber „*verborgen*", d. h. Bürgen stellen müssen; auch hier ist wieder öffentlich und heimlich zu unterscheiden. Nach älterer Satzung hat man zum Verborgen acht Tage Frist „*u. umb swelhie getat swer gerüget izt, damit verleuset er u. mit anderz nicht u. muez auch darumbe porgen setzen u. swer nicht verporgen mach, der muez gar hinauz*". 1410 heißt es jedoch: „*wer verporgen sol, chom morgen nach mittag auf das rathaus u. pring sein porgen mit im oder ge auz der stat u. sei verpoten,* (*wie*) *all di andern. ez sind auch ettleich man u. weib, dy man nicht offenlich nennen wil*; *wann man dy vodert, di sullen auch verporgen*" [2]).

Was die Bürgschaft anlangt, so bürgen meist die nächsten Verwandten, der Herr oder sonstige, nicht selten angesehene Leute. Mitunter heißt es: „*porg ihr haus*"; eine, die man mit dem Frauenhaus bedroht, verbürgt sich mit 3 lb., einem Meßbuch, einem Gürtel und sechs Messern. Ein anderer, den man seines Schlafweibes wegen belangt, verborgt mit 5 lb., sie mit 3 lb. Einmal liest man: „*M. hat nicht verporgt u. versprochen, si will sich zu einem erbern dinst ziehen u. fruntleich halten durch des techantz pet willen*". Dirnen stellt man überhaupt häufig die Wahl, das Gebiet zu verlassen oder in das gemeine Frauenhaus zu wandern [3]).

Hinsichtlich der Ausgewiesenen treffen wir auf sehr originelle Gauner-Namen und Arten; von diesen seien hier angeführt: Ruffiane, Virharter, Pfossensneider, Gotzswirer, Spieler (Handspieler), Pulion, Lotner, Loterpfaffen, Sprechner, Singner, Stortzer, Geylner, Päutelsneider, „*unendleich läwt*" (Mensch), gämliche Leute und „*gennspeiner*" (die an der Unstät sitzen), Hurenmeisterinnen, Zauberinnen, Ehebrecherinnen, Schlafweiber, Pfaffinnen, Aufmacherinnen, die heimlich Zugänge haben und Hurenmarkt halten u. dergl. m. [4]). Aber auch

---

[1]) Lit. 409½, 39, 11.

[2]) ibid. 33, 34, 55.

[3]) ibid. 34 ff.

[4]) ibid. 29, 30, 32 usw.; Lit. 297, 35; Lit. 372, 91.

Totschläger, Diebe und Hehler wandern, wiewohl sie ihre Tat bereits gesühnt, als unsichere Patrone mit zum Tore hinaus.

Von Betrügern, denen man den Laufpaß erteilte, ist insbesondere einer zu nennen, welcher sich für einen Geweihten ausgab, Messen las und Sakramente spendete, Siegel von Urkunden riß und neue Geber(Geburts)briefe ausstellte, wie bettelte, „*das man im gab pfenig oder pferd oder claider, wan er ein pueß umb einen todslag mit dem almusen thun muest u., wan er den da etwas erlanget, so zug er dan wider weck*“ oder solche, welche als Mönche terminierten. Einer führte „*sein tochter in den dorfern umb an einer keten u., wu si in ein haus kume, so sprach er, si sei unsinig u. geturre heraus nicht gene, man geb ir dann ein silbres opfer, das hab si also gelobet*“. Und sonst wurden mancherlei Verkleidungen und Finten gewählt, um Mitleid zu erwecken und neben dem Bettel dem Diebstahl und Trug frönen zu können [1]).

Nicht minder jagt man solche hinaus, welche sich nur eines Ohrs oder einer Hand erfreuen oder ein Brandmal besitzen, welche „*verhohlen*“ Messer tragen und nachts ohne Licht oder bewaffnet auf der Gasse betroffen werden. Ja, wenn man einen gar in solcher Verfassung im „*tännl*“ aufgreift, dann erklärt man ihn mit Recht für einen, der einen verbrecherischen Anschlag vorhat, d. h. für schädlich. Einer hatte „*geferliche geng u. umbschleich gethan bei der stat purktorn*“, ein anderer war „*in den türn zu Weichsantpeter gestiegen, deshalb in dem nichts guts zu versteen ist*“. Ferner sind hier auch an sich schuldlose Ehefrauen und Gespielinnen (Hübscherinnen) von Gerichteten und Verbannten zu nennen [2]).

Wir haben es also, wie gesagt, bei der Mehrzahl der am Purtting Ausgewiesenen keineswegs mit eigentlich schädlichen Leuten zu tun, nur in den Fällen, wo eine wirklich strafwürdige Tat in Frage steht oder aus dem Gebaren der Verdächtigen ohne weiteres auf eine verbrecherische Absicht geschlossen werden kann, ist das Epitheton „*schädlich*“ angewendet und auch am Platze. Ebenso droht man mit Recht, diejenigen, welche ausgewiesen trotzig in der Stadt verbleiben, als sch. L. behandeln zu wollen, schon deshalb, weil ein anderes Zwangsmittel, die Verrufung vollzugskräftig zu gestalten, nicht zu Gebote stand.

---

[1]) Lit. 398, II, 28, 27, III, 24.

[2]) Lit. 398, 15; Lit. 408, 129; Freyberg, Samml. hist. Schr. 5, 15, 13; Lit. 372, 16; Urk. Fasz. 459 (1445), Lit. 297, 34; Urk. Fasz. 510 (1457); Lit. 297, 76.

Irrig wäre es endlich, angesichts der unsinnigen Begünstigung des Bettelns im Mittelalter die gewöhnlichen Bettler als schädliche Leute zu bezeichnen. In Regensburg beaufsichtigen sie die Bettelmeister und deren Knechte, die Bettelrichter; die Strafgewalt über die „Verbrechen und Missetaten" der Bettler üben die obersten Bettelmeister „*doch groß fäll u. missehandlung in allweg der oberkait furgesetzt u. vorbehalten*" [1]). Kranke und Aussätzige sollen „*auf den freythöfen oder vor den kirchen u. anderswo von andern personen gesondert sein u. solh ir graussam krankheit oder gebrechen ziemblichen decken u. verpergen*" [2]).

15.

Während missetätig usw. wohl keiner weitern Erläuterung bedürfen, indem deren Eigentümlichkeiten aus den beigefügten Beispielen erhellen, seien hier noch andere gleichwertige und ähnliche Bezeichnungen angeführt:

Ungerichtet. Kärnten: Rügen „*ob icht schedeliches oder ungerichtetes sei in dem lande*" [3]).

Gerichtmäßig. Öst. Wst.: ob ain dieb oder gerichtmessig man auf unser guet käme, so ist derselbig dieb oder schedlich man verfallen [4]).

Verschuldet. Bruneck: alle sch. l. — solche verschuldete sch. l. [5]).

Unehrbar. Öst. Wst. ob ain man umb unehrbar sach auf dem aigen gefangen wurt, der den tott verdient het, von todtschlag wegen oder von was das wär — unehrbarer man oder maleficant — das ain unerbar man, der dem landrecht durch missetat seines leibes verfallen wär — flüchtig um erbar oder unerbar sach, das den todt berürt — um unerbar sach gefangen, soll der richter denselben ubeltheter vechsen mitten an der gassen. — ain sch. m. oder weib gefangen umb unerbar sach, das den todt beruert — wo ainer begriffen wurd in der freiung mit unerbern sachen, das wol wissenlich wer u. den handgefest hiet [6]); s. auch S. 22.

---

[1]) Lit. 380, 73.

[2]) ibid.; Lit. 298½, 394; Gemeiner, Chron. 1, 462.

[3]) Arch. f. vaterl. Gesch., Jahrg. 3, 55.

[4]) Öst. Wst. 7, 486, 31.

[5]) Gengler, Cod. mun. 427.

[6]) Öst. Wst. 8, 309, 12; 7, 142, 34; 7, 139, 10; 7, 836, 8; 7, 917, 17; 7, 980, 5; 6, 28, 1.

Feher. Grimm Wst.: Ob ein feher oder sch. m. hie in dem etter were, den soll man hinauszantwurten [1]).

Unrecht. Öst. Wst.: ob ain unrechter man, er sei gesessen oder nicht, begriffen würt, ab dem gut antwurten [2]).

Übersagt, d. h. Rechtens überwunden, „*überwiesen*".

Vornehmlich in Urfehden: so sol man zu mir rihten alz mit ainem überseiten, vertailten sch. m. — rechtloser, mainayder u. ubersagter m., uberweist mit zwain mannen. — so sullen wir mit siben übersait sein, als des lantz recht ist.

Ulm: sch. l. als ueberseit sch. l. in ir achtpuch schreiben.

Öst. LR.: wer übersaiten m. behilt, des haus sol man verbrennen [3]).

Übel beleumdet, verleumdet. Buchhorn: über alle belumbte u. übelt. leute, r. m. d. u. andere sch. l.

Bulach: die übelth. verläumdeten l. ihrer mißhandlung nach.

Eßlingen: verlewmpte sch. l., gemeinlich wissenlich, das sie verschuldt haben.

Lindau: über alle sch. l., die den merer tail des rates nach lewinden dunket, das sie sch. l.

Überlingen: in solchem gemeinen oder beschriebenen bösen leimbden oder müssethat.

Weil: was sie vor verwehnte u. übelt. l. in ihrer statt u. gebiethe betretten.

Wirt.: das oft sch., übelt. u. verl. l. in ihren landen gefangen werden.

Lfr. 1300: swelch bezigen man bezzern wil, der sol das verbürgen.

Lfr. 1389: kuntlich verleumpter sch. man nyndert fride noch geleitte.

Bamberg. reisig, argwenig, verdechtlich zu vil bösen sachen.

Grimm Wst.: wer es aber, das einer belumndt oder bezigen wurde, das er gestolen oder solich sachen getan, darumb er des dodes schuldig [4]).

---

[1]) Grimm Wst. 6, 199.

[2]) Öst. Wst. 8, 214, 10.

[3]) Reichst. Urk. Lindau, f. 46 (1415), 47 (1418); Ulm. Urkb. 2, 301; Hasenöhrl, Öst. LR. 272, 57.

[4]) Lünig, Reichsarchiv 13, 312; Zallinger 202, 205, Reichst. Urk. Lindau, f. 36 (1396); Lünig 14, 541; 14, 592; Zallinger 212; Quell. und Er. 6, 53; Zallinger 241, 229; Grimm Wst. 1, 772.

G e f ä h r l i c h. In den öst. Wst. bei Strolchen u. Gaunern (gef. gesindl) häufig angewendet, welche dort niemals als schädlich oder landschädlich bezeichnet werden [1]).

16.

Doch ich eile zum Schlusse; lebe ich doch nunmehr der festen Überzeugung, daß kein Forscher, der vorstehende Ausführungen mit den in den „Zenten" erbrachten Nachweisen unparteiisch prüft, mehr für Zallingers Theorie, die unser schlichtes deutsches Verfahren in solche Verwirrung gesetzt hat, eine Lanze brechen wird. Denn jene ist durchaus haltlos. Schädlich ist, sei es, daß eine todeswürdige oder minder strafbare Handlung in Frage steht, durchaus als gleichbedeutend und gleichwertig mit missetätig und übeltätig zu betrachten; als ein Schädlicher soll aber auch der behandelt werden, der ein offensichtlich auf Begehung von Verbrechen abzielendes Gebaren zur Schau trägt.

In den Rechtskreisen, in denen zur Zeit des Übersiebnens schädlich einheimisch ist, werden missetätig und übeltätig nur selten gebraucht, in den sog. Leumundsbriefen trifft man dagegen auf eine willkürliche Häufung dieser drei Bezeichnungen. Jeden Zweifel an der Identität schließen endlich zahlreiche Satzungen der Weistümer aus, welche die Festnahme, Auslieferung und Ausschließung von Verbrechern vom Asylrecht bezwecken; dem Wortlaut nach fast gleich, benennen sie die Verhaftungswürdigen unterschiedslos als schädliche Leute, Missetäter und Übeltäter. Durch jene Ergebnisse ist somit auch die mir von vornherein verdächtig erscheinende Vermutung aus der Welt geschafft, die dem Worte schädlich zwei ganz verschiedene Bedeutungen zumaß.

Daß in den Landfrieden Räuber und Brenner in den Vordergrund treten, ist im Charakter dieser Satzungen begründet. Aber auch sonst paradieren diese mit den Dieben an der Spitze der schädlichen Leute, wie sie auch in den Übersiebnungsprivilegien an erster Stelle aufgeführt sind, da sie eben stets als die gefährlichsten Übeltäter gelten, deren man vielfach nicht auf handhafter Tat habhaft wird. Deshalb entschließen sich z. B. auch die Ulmer, wiewohl sie sich sonst dem

---

[1]) Öst. Wst. 2, 45, 43.

Übersiebnen gegenüber mißtrauisch verhalten, dies wenigstens für Diebe und Räuber zur Einführung zu bringen.

Immerhin kommt ihnen in der Regel nur die Rolle der wichtigsten Beispiele zu, denn daneben ist in den verschiednen Freiheiten und Rechten fast aller Gattungen von Verbrechern gedacht. Auch Totschläger und Notzüchter sind schädlich; daß ihnen gegenüber das Übersiebnen nicht überall zur Anwendung gelangt, ergibt sich aus der Eigenart dieser Delikte. Totschlag ist einerseits noch im 16. Jh. meist durch Geldabfindung sühnbar; wenn andererseits im alten Verfahren der Vorweis der Handhafte bei Diebstahl, Raub usw. für die Überwindung ein wesentliches Erfordernis bildet, so nicht bei Totschlag, da ja der „Ableiber", um nicht als Mörder oder wenigstens als heimlicher Totschläger zu gelten, den Getöteten nicht verbergen darf und das „Mißgeschick" selbst freimütig bekennen muß. Und gerade deshalb, weil eben mangels des Schubs eine Überwindung nicht möglich ist, entschließt man sich ja zur Einführung des Übersiebnens! Doch kommt das Ü. des Totschlägers noch oft genug vor; in Augsburg, falls er auf der Flucht und nicht auf dem Wege zum Vogt, bei dem er sich stellen soll, aufgegriffen wird, in Österreich usw. Notzucht ist aber nach damaligem Rechtsbrauch vielfach ohne Vorzeigung der Spuren der Tat, wobei noch der Hilfeschrei wie sonst auffälliges Gebaren der Überfallenen Erfordernisse bilden, um die Tat nicht zur handhaften, wohl aber zur notorischen erheben, nicht verfolgbar. Immerhin wird ja auch der gefangene Notzüchter in manchen Gebieten, so z. B. in Kärnten und nach oberbaier. Landrecht, übersiebnet. Nach einigen Rechten, so zu Augsburg, gilt der Fälscher als handhafter Täter; in Nürnberg und Würzburg usw. muß er jedoch stets übersiebnet werden.

Das Übersiebnen erstreckt sich also auf fast alle damals bekannten, hier denkbaren Verbrechensarten. Hoch- und Landesverrat, wie sonstige Delikte gegen die Obrigkeit waren ihrer Natur nach meist von vornherein der Judikatur des Landesfürsten und Rates unterstellt, Ehebruch, Bigamie, Inzest, Ketzerei und andere Religionsverbrechen unterstanden damals allein dem geistlichen Forum, bei Sodomie und Meineid wird indes übersiebnet. Landfriedbruch wird in der Regel nicht als solcher geahndet, sondern vielmehr die Tat in Betracht gezogen, durch die jener in Erscheinung trat; so werden in Nürnberg Eppelein und P. v. Leonrod als Raubmörder gerädert, Schüttensamen als Brenner lebendig verbrannt. Der Landzwinger gilt nach Bamb. StR. als Räuber [1]).

Z. stellt gerade die Raubritter an die Spitze seiner sch. L. Mag dies angesichts des tumultuarischen Vorgehens beim Geräune in Oberösterreich gerechtfertigt scheinen, so nicht für das übrige Süddeutschland. Wiewohl sie sich auch sonst als erbitterte Feinde der Städte und „Betrüber" des Landfriedens erweisen, so gelten sie doch nicht ohne weiteres als sch. L. Bezeichnend ist auch, daß in den Friedgeboten, in denen die bewaffnet umherstreifenden Eisenknappen als schädlich hingestellt sind, stets nur von herrenlosen Dienern und Knechten, niemals doch von eigentlichen Rittern die Rede ist. Ebensowenig sind die am Gallentag und Purtting hinausgewiesenen Landfahrer und Gauner, die Sterzer und Geiler schon ihrer Subsistenzlosigkeit wegen als sch. L. zu betrachten. Im übrigen wird auf vagen bösen Leumund hin, wegen bloßen Verdachts, bzw. Landschädlichkeit Rechtens niemals gerichtet!

Daß das Übersiebnen nicht nur für Gewohnheitsverbrecher in Geltung trat, ist schon deshalb ausgeschlossen, weil die einschlägigen Satzungen selbst keinerlei Beschränkung treffen. Spuren eines andern herrschenden ordentlichen Prozesses wider den dingfest gemachten Übeltäter finden sich nicht vor, während man im Gegensatz hierzu in den von den Übersiebnungsprivilegien unbeeinflußten Territorien, wo doch auch an landschädlichen Leuten kein Mangel ist, die Bezeichnung schädlich nur wenig kennt.

Endlich kann auch nicht die Mutmaßung, daß das Übersiebnen vielleicht doch ursprünglich für die landschädlichen Leute i. S. Z.s eingeführt und dann lediglich verallgemeinert worden ist, Glauben verdienen. Das Nürnberger Formular entstand wohl als unmittelbare Folge des schon an sich generalisierenden Landfriedens von 1281; in jenem ist der dem Kläger sch. M. von dem des Landes streng geschieden, der Stadtkläger spricht nur diesen an. Es steht also außer Zweifel, daß das Übersiebnen für die Gebiete, in denen es allgemeine Einführung errang, nicht als ein Ausnahmeprozeß, sondern vielmehr als das damals allein geltende o r d e n t l i c h e Verfahren wider den gefangenen Übeltäter in Betracht kommt.

---

[1]) Hinsichtlich des Verrats siehe jedoch Bamberg, Zoepfl, Das altbamb. Recht, 42; s. m. Nürnb. Kriminalrecht 155 ff., 158; Zoepfl 53.

Übersichts-Tabelle.[1])

---

[1]) Es soll hiedurch lediglich ein Überblick über die wichtigsten, in vorstehender Abhandlung und bei Zallinger (Z) angeführten Satzungen ermöglicht werden.

Druck von Georg Reimer in Berlin.

FSC
www.fsc.org
MIX
Papier | Fördert gute Waldnutzung
FSC® C083411

Kolibri 360 GmbH
Ferdinand-Jühlke-Straße 7
99095 Erfurt, Deutschland
produktsicherheit@kolibri360.de